信書の秘密

神話と聖書とコミュニケーション

八川敏昭
YAGAWA Toshiaki

論創社

信書の秘密——神話と聖書とコミュニケーション

まえがき

神話や聖書の内容は豊かである。この本は、その豊かな内容をもつ神話や聖書などの話のなかから、コミュニケーションにかかわる話を主題として取りあげたものである。

コミュニケーションとはなにか。これは難解な問題である。しかし、コミュニケーションの本質を理解するためには、人間のコミュニケーション行為の源泉をさぐることが必要である。そして、この行為の源泉は、現代に生きる人間の精神的な源泉にさかのぼって考えてみるのがいいだろう。こうしてこの本では、人間のコミュニケーション行為と精神の源泉との関連を、神話や聖書にもとめたのである。

ところで、この本では、神話や聖書のなかにでてくるコミュニケーションの話にふれるだけでなく、その主題をつうじて神話や聖書の神髄にふれる、ということにも留意した。そのため、この本の主題に関連して神話や聖書などの話を引用するときは、それらの話の全体の文脈をそこなうことのないように注意した。

いうまでもなく、神話や聖書にでてくる話には虚実がとりまざっているが、この本は史書として書かれたものではない。したがって、本文のなかでは、この本の主題にかかわる話なら、ことの真偽を問わずに取りあげた。そのため、主題を発展させるのに必要な場合には、神話や聖書以外のさまざまな物語にふれ、また時には史実にもふれたが、そのときには、誤解をさけるため、文中に「史実として」という言葉をつけ加えておいた。もちろん、この場合の「史実」には、「史実とされるもの」もふくまれている。

話の順序は、一般的なコミュニケーションを主題とする本とおなじように、Ⅰ「口頭コミュニケーション」、Ⅱ「文字コミュニケーション」というように展開し、最後に稿をあらため、Ⅲとして、神話や聖書や物語のなかで多種多彩に語られる「信書の秘密」をめぐる話をつけ加えた。

二〇一五年三月

八川 敏昭

信書の秘密——神話と聖書とコミュニケーション　目次

――凡　例――

1. 文中の〔　〕内はこの本の筆者の注記である。
2. 引用文中の〔　〕（　）内は原著者あるいは訳者の注記である。
3. 引用文のうち、同一文献による後出の出所は簡略化し、著者名ではなく書名に統一して表記した。
4. 引用文の出所を参照する際の便宜として、本書末尾に「引用文献」一覧を記載した。

I　口頭コミュニケーション

第1章　言語の起源と自然成長性

　ある集団で話されている言語が、自然成長的ではなく、その集団で人為的につくられたものであり、そのことをその集団の人びとが知っているとすれば、その人びとが、自分たちとは別の集団で別の言語が使われていることを知ったとき、彼らは、その別の言語もまた、彼らの言語とおなじように、その別の集団で人為的につくられたものだと考えるだろう。つまり彼らは、彼らが話す言語体系とは別の言語体系が存在する、という事実を抵抗なく受け入れて、彼らの言語体系が絶対的なものではなく、相対的なものだということを認識することができるだろう。

　ところが、言語は、本来、そのように人為的につくられたものではなく、自然成長的に生まれてきたものだから、ある集団の人びとが、自分たちとは別の集団で別の言語が使われているということを知ったとき、彼らは、自分たちが話す言語体系とそれ以外の言語体系とが別のものではなく、その起源をたどると、同じ言語体系＝単一祖語にゆきあたると考えるだろう。つまり彼らは、言語にはもともとなんらかの絶対的な体系があり、すべての人びとは、その体系にしたがって、ほんらい同じ言語を話していたと考えるのである。

言語にたいするこのような原初的な認識は、シュメルの英雄叙事詩『エンメルカルとアラッタの君主』のなかにあらわれる。（Kramer, S.N."Sumerian Mythology : A Study of Spiritual and Literary Achievement in the Third Millennium B.C."（The American Philosophical Society）1944, p107 & others.）

昔、豊穣で正義の掟をもつ東国スビル（とハマジ）には、
君主の掟をもつ大いなる南国シュメルと同じ言葉を話す人びとがいた。
（また）満ち足りた北国ウリと
安らぎの西国マルトゥ。
（これら）全世界で調和していた人びとは、
エンリル神をひとつの言葉で賛美した。

（そのあと）豊穣の主であり、頼りとなる命をくだし、
知恵の主であり、地を熟知し、
神々の指導者でもある（エリドゥ市の神）エンキ神は、
エリドゥの主に知恵を授け、
それまでひとつだった人間の言葉、
人びとの口から出るその言葉を変えさせて、この世に争いをもたらした。

つまり、エンリル神が支配していた昔の世の中は、人びとがひとつの言葉で話していて平和だったが、その後、エンキ神が支配するようになると、人びとがさまざまな言葉を話すように変えられて、この世に争いがもたらされたというのである。しかし、ここでの話の論点は、シュメルの人びとは、人間がもともとはおなじひとつの言葉を話していたと考えていた、ということである。

言語にたいするこの原初的な認識は、シュメル神話のあと、それとおなじように『旧約聖書』「創世記」のバベルの塔の話のなかでも再現される。（『旧約聖書』「創世記」一一章一～九、一九五五年改訳、日本聖書協会）。

全地は同じ発音、同じ言葉であった。時に人々は東に移り、シナルの地に平野を得て、そこに住んだ。彼らは互いに言った、「さあ、れんがを造って、よく焼こう」。こうして彼らは石の代りに、れんがを得、しっくいの代りに、アスファルトを得た。彼らはまた言った、「さあ、町と塔とを建てて、その頂を天に届かせよう。そしてわれわれは名を上げて、全地のおもてに散るのを免れよう」。時に主は下って、人の子たちの建てる町と塔とを見て、言われた。「民は一つで、みな同じ言葉である。彼らはすでにこの事をしはじめた。彼らがしようとする事は、もはや何事もとどめ得ないであろう。さあ、われわれは下って行って、そこで彼らの言葉を乱し、互いに言葉が通じないようにしよう」。こうして主が彼らをそこから全地のおもてに散らされたので、彼らは町を建てるのをやめた。これによってその町の名はバベル［ヘブライ語で「乱れ」の意］と呼ばれた。主がそこで全地の言葉を乱されたからである。主はそこから彼らを全地のおもてに散らされた。

ここでは、人間が天までとどく高い塔（バベルの塔）を建てようとしているのを見た神は、彼らがかくのごとき倣慢な所業におよんだのは、みながひとつのおなじ言葉を話しているからだと言って、彼らの言語をバラバラに乱し、互いの意思が通じないようにして、塔の建設をやめさせた、ということになっている。そしてここでの話の論点は、旧約聖書でも、シュメル神話とおなじように、人間がもともとはおなじひとつの言葉を話していたと考えられていた、ということである。

言語についてのこのような原初的な認識は、その後のヨーロッパの精神世界に伏在し、ついには「おなじひとつの言葉」すなわち人間の単一祖語がヘブライ語だったという結論を導きだし、「オリゲネスからアウグスティヌスにいたるまで、教父たちは、ヘブライ語が混乱以前の人類最初の言語であったということを反駁不可能な所与としてうけいれていた。」(ウンベルト・エーコ『完全言語の探求』上村忠男・廣石正和訳、平凡社ライブラリー、二〇一一年、一二二頁)。

そして、それからしばらくたったころ、新しい世界の眺望に接したヨーロッパでは、とうとう中国語が人間の単一祖語であったという珍説にたどりつく。それは、つぎのような論拠によるのである。

「十六世紀から十八世紀にかけて、探険家や宣教師たちが、ヘブライの文明よりもずっと古く、文化と言語の別の伝統をもった諸文明が存在したことを発見する。こうして一六六九年、ジョン・ウェッブは、ノアは大洪水のあと箱舟に乗って中国に到達し、そこに定住したのだから、中国語は最初の言語であると言う考えを提示する。中国人はバベルの塔の建設に参加しなかったので、言語の混乱をまぬかれている。さらには、外国人の侵入から身をまもりながら何世紀も生き残ったので、原初の言語の遺産を保存してきた可能性があるというのであった。」（『完全言語の探求』一四六〜一四七頁）。

ともあれ、シュメル神話や旧約聖書に共通する、人間が単一の祖語を話していたというこのような原初的な認識は、言語が、人為的につくられたものではなく、自然成長的に生まれてきたものだという事実に起因するのである。

第2章　言語の並存

ところで、旧約聖書のバベルの塔の話には、人間が単一の祖語を話していたということとともに、言語の起源について、それとは別の重要な論点が示されている。

それは、人間がおなじひとつの言葉を話していれば、互いの意思が通じて共同労働が可能となり、高い塔も建てることができるということであり、言いかえれば、言語は、バベルの塔の建設のような労働を、人びとが協同して遂行するために不可欠なものとして、必然的に産み出されたものだ、ということである。

このように、言語が産み出された必然性は協同労働（協働）にあり、したがって、言語が単一の祖語から、さまざまな言語へと分化してゆくことになったこの「言語の混乱」（confusio lingurum）の出来事は、言語の発展が、単純な共同労働から複雑な社会的分業へと発展する「協働様式」の変化に対応している、ということを物語っている。（八川敏昭「精

神的交通論序説」慶應義塾大学法学部編刊『慶応義塾創立一五〇年記念法学部論文集・慶應の政治学［政治・社会］』二〇〇八年）。

そのことについて、ダンテの俗語論を引きながら、ウンベルト・エーコはつぎのように言う。

「ダンテも『俗語論』一・七において、『言語の混乱』をひとつの『建設作業』上の事件としてとらえようとする独特の解釈を提示していた……。そこでは、『言語の混乱』は、さまざまな民族言語の誕生をもたらした事件というよりも、むしろ（大工は大工の言語を語り、石の運搬人は石の運搬人でかれら特有の別の言語を語るといったように）『専門技術的な用語』が一挙に蔓延することになった事件としてうけとめられている。まるでダンテはかれの時代の同業組合で使われていた特殊言語のことを思い浮かべているかのようなのだ。ここには、やがて労働の分割［分業］と称されるようになるものの概念が、それにともなって生じる言語的な労働の分割という概念といっしょになって、その言葉が生まれるのにさきだって提示されているとみたくさえなるのではないだろうか。」（『完全言語の探求』四九七頁）。

さて、旧約聖書では、さまざまな言語の分化、すなわち「言語の混乱」は、神が、人間によるバベルの塔の建設をやめさせるためにはじめてもたらしたものだ、と書かれている。しかし、そのおなじ聖書は、言語の分化が、バベル以後ではなく、それ以前におこなわれ、バベル後には、すでに複数の言語が並存していた、という矛盾した証言をおこなっている。すなわち、「創世記」では、大洪水のあと、ノアの子三人がばらばらになり、そのうち、まず、ヤベテの子孫については、「これらから海沿いの地の国民が分れて、おのおのその土地におり、その言語にしたがい、その氏族にしたがって、その国々に住んだ。」と書かれ、その他の子、ハムとセムについてもおなじように書かれている。(『旧約聖書』「創世記」一〇章五、一〇章二〇・三一)。つまり、ここでは、複数の言語の並存が、バベル以前、すでに所与のものとして想定されているのである。こうして「ここにバベルの神話は破綻する。」(エーコ『完全言語の探求』三五頁)。

もちろん、言語は自然成長的なものだから、単一の祖語がさまざまな言語へと分化していったのではなく、はじめから、さまざまな集団のあいだでさまざまな言語が並存していた。人びとは、ノアの子孫のように古来そのことを認識し、古典時代のギリシア人は、自分たちと異邦人との区別の基準を、まさに言語の違いにおき、異邦人のことを「バルバロイ」barbaroi（なにを話しているかわからない人）と呼んでいたのである。

第3章　並存する言語の理解

人間の経済が自給自足的な段階を脱すると、たがいに異なる言語を話す集団のあいだでも、「さまざまな姿で経済的Verkehr［交通］が形づくられてくる。」（大塚久雄「共同体解体の基礎的諸条件」『大塚久雄著作集』第七巻、岩波書店、一九六九年、一二六頁）。こうしたさまざまな集団のあいだの「経済的交通」（＝物質的交通）は、必然的にそれらの集団同士の接触をもたらし、それにともなって、たがいに異なる言語を話す集団の人びとのあいだで「精神的交通」（コミュニケーション）がおこなわれるようになる。

ところが、これら異なる集団の人びとはたがいに異なる言語を使っているのだから、そのままでは、これらの人びとのあいだのコミュニケーションは不可能である。（『新約聖書』「コリント人への第一の手紙」一四章一〇～一一、一九五四年改訳、日本聖書協会）。

世には多種多様の言葉があるだろうが、意味のないものは一つもない。もしその言葉の意味がわからないなら、語っている人にとっては、わたしは異国人であり、語っている人も、わたしにとっては異国人である。

1　通訳

そこで、これらの人びとのあいだのコミュニケーションを円滑におこなうため、他の集団の言語を、自分の集団の言語に置き換え、またこれとは逆に、自分の集団の言語を他の集団の言語に置き換えるのを専業とする人、つまり「通訳」が必要になってくる。そして、この通訳は、はやくも旧約聖書の創世記のなかにあらわれる。それは、兄弟たちの陰謀により「連れられてエジプトに下った」ヨセフが、いまはその国のつかさとなっていたが、そこへ、彼を裏切った兄弟たちが穀物をもとめにゆき、そこにいる人が弟のヨセフとは知らずに、彼ら同士が会話をしているときのことである。(『旧約聖書』「創世記」四二章二一〜二三)。

彼らは互いに言った、「確かにわれわれは弟［ヨセフ］の事で罪がある。……」。［他の兄弟］ルベンが彼らに答えて言った、「わたしはあなたがたに、この子供［ヨセフ］に罪を犯すなと言ったではないか。……」。彼らはヨセフが聞きわけているのを知らなかった。相互の間に通訳者がいたからである。

また、その後のキリスト教の教会でも、宣教のため、たがいに異なる言語を置き換えるのを専業とする通訳がやとわれた。（『新約聖書』「コリント人への第一の手紙」一二章二八）。

神は教会の中で、人々を立てて、第一に使徒、第二に預言者、第三に教師とし、次に力あるわざを行う者、次にいやしの賜物を持つ者、また補助者、管理者、種々の異言を語る者をおかれた。

なお、日本の古事記でも、その成立のいきさつを記した序文のなかで、古事記が書かれた当時の天明天皇の在位中（七〇七年〜七一五年）の話として、通訳の存在が記されている。そしてここでは、通訳の介在する言語が、二つだけでなく、多岐にわたっていたことが知られる。（『古事記』中村啓信＝訳注、角川ソフィア文庫、二〇〇九年、二一一頁・二五三～二五四頁）。

《烽《とぶひ》を列ね、訳《をさ》を重ぬる貢《みつぎ》、府《みくら》に空しき月無し。》

外国からの使者は次々と烽《のろし》を上げ、いくつもの言葉の通訳を重ねて来朝して献上する貢ぎ物で、大蔵が空になる月は一つもない。

2　異言語使用者

ところで、異なる言語を置き換えることを、専業の通訳に頼るのではなく、それを自分自身で行なうことができる人たちもいた。

とくに古代メソポタミアでは、異言語を話せることを自慢げに語る王や王族たちがいた。たとえば、アッカド王朝の初代サルゴン王（前二三三四年～二二七九年頃）の娘エンヘドゥアンナは、アッカド語だけでなくシュメル語も読み書きでき、シュメル語で『イナンナ女神讃歌』を書き、また、新アッシリア帝国のアッシュル・バニパル王（前六六八～六二七年）も、エンヘドゥアンナとおなじように、アッカド語だけでなくシュメル語も話せたことを自叙伝に記している。

さらに、ウル第三王朝の第二代シュルギ王（前二〇九四年〜二〇四七年頃）は、自身が書いた『シュルギ王讃歌（B）』のなかで、幼少時に通っていた学校での質疑応答では「五つの言語で答えた」とあって、シュメル語とアッカド語の二言語だけでなく多言語を話せることを誇っていた。（小林登志子『シュメル──人類最古の文明』中公新書、二〇〇五年、一九八・二〇二・二七八頁）。

なお、このシュルギ王のような多言語使用者（multilingual）は、ギリシア神話にも登場する。（アポロドーロス『ギリシア神話』高津春繁訳、岩波文庫、一九七八年、第二巻Ｖ一一）。

エウリュステウスは［ヘーラクレースに］……ヘスペリスたちから黄金の林檎を持って来るように命じた。……テューポーンとエキドナから生まれた不死の百頭竜がその番をしていた。彼はあらゆる種類のさまざまな言語を話したのである。

また、新約聖書には、聖霊に満たされた使徒たちが、多言語で話しはじめる場面がある。（『新約聖書』「使徒行伝」二章一〜六）。

みんなの者［使徒］が一緒に集まっていると、突然、激しい風が吹いてきたような音が天から起ってきて、一同がすわっていた家いっぱいに響きわたった。また、舌のようなものが、炎のように分れて現れ、ひとりびとりの上にとどまった。すると、一同は聖霊に満たされ、御霊《みたま》が語らせるままに、いろいろの他国の言葉で語りだした。さて、エルサレムには、天下のあらゆる国々から、信仰深いユダヤ人たちがきて住んでいたが、この物音に大ぜいの人が集まってきて、彼らの生れ故郷の国語で、使徒たちが話しているのをだれもかれも聞いてあっけに取られた。

ところで、かれら使徒たちのなかで、多言語使用者として知られる人にペテロがいる。すなわち、使徒行伝のなかで、「ペテロは、ほかになお多くの言葉であかしをなし、人々に『この曲がった時代から救われよ』と言って勧めた。」と書かれている。（『新約聖書』「使徒行伝」二章四〇）。

しかし、それ以上に抜群の語学力をほこる者がパウロである。かれは、「わたしは、あなたがたのうちのだれよりも多く異言が語れることを感謝する。」と謙虚に誇示する。（『新約聖書』「コリント人への第一の手紙」一四章一八)。

パウロがこのような語学力を獲得できたのは、もちろん、使徒として、異言語を話すさまざまな人びとを宣教してゆくうえでの必要にせまられてのことだろうが、そればかりではない。パウロは、使徒としての顔とともに、異言語の世界を歩きまわる遍歴手工業者としての顔ももっていたからであり、「キリスト教は、遍歴職人たちの教説として姿を現わした」(マックス・ヴェーバー『宗教社会学論選』大塚久雄・生松敬三訳、みすず書房、一九七二年、三七頁)のである。ただし、この遍歴手工業者なるものは、西欧経済の歴史のうえでは、かなり大きな役割をになったのであって、「たとえば使徒パウロがそうであったように、……まさしく遍歴手工業者とよばれるべき社会層の中から新らしい共同体の形成と中世への胎動がはじまることになるのである。」(大塚久雄「共同体内分業の存在形態とその展開の諸様相」『大塚久雄著作集』第七巻、一四九頁)。

ところで、使徒としてのパウロのように、異国の人びとの警戒心をといてその国へ入りこむためには、その国の言語(異言語)を語れることが不可欠である。ペルシアと内通していることを疑われ、アテーナイを追われたテミストクレースの場合がまさにそうである。(トゥーキュディデース『戦史(上)』久保正彰訳、岩波文庫、一九六六年、一八〇~一八一頁)。

テミストクレースは……ちょうどその頃〔前四六五年頃〕王位についた……〔ペルシアの〕アルタクセルクセースに書状を送った。その文面が伝えるところは、「……大王にたいする私の好意がギリシア人の咎《とが》めるところとなって国を追われ、大王に多大の奉仕をとげうると信じて参上した次第である。願わくは、一年間の滞留後、謁見の栄を賜わり今回渡来の目的を言上する機を授け賜わらんことを。」……

テミストクレースはその滞留の期間にできうる限りのペルシア語を習得し、ペルシア人の習慣を身につけた。そして一年の時が過ぎてから、ペルシア王宮に姿をあらわし、王の側近に仕えてかつてギリシア人が得たこともないほどの勢力を振った。

さて、異言語を知らない人びとの前で異言語使用者同士が会話をすれば、かれらに話の内容を知られずにすむ。異言語をこのような目的で利用しようとして果たせなかった例が旧約聖書にのっている。それは、ヒゼキヤ王（推定在位前七二九年〜六八六年）治下のユダ王国をアッシリアが攻囲したときの話である。（『旧約聖書』「イザヤ書」三六章一〜一三。（同様の記述が「列王記下」一八章一三〜二八にもある））。

ヒゼキヤ王の第十四年に、アッスリヤの王セナケリブが上ってきて、ユダのすべての堅固な町々を攻め取った。アッスリヤの王はラキシからラブシャケをエルサレムにつかわし、大軍を率いてヒゼキヤ王のもとへ行かせた。ラブシャケは布さらしの野へ行く大路に沿う、上の池の水道のかたわらに立った。この時ヒルキヤの子である宮内卿エリアキム、書記官セブナおよびアサフの子である史官ヨアが彼の所に出てきた。

ラブシャケは彼らに言った、「ヒゼキヤに言いなさい、……主はわたしにこの国へ攻め上って、これを滅ぼせと言われたのだ」。

その時、エリアキム、セブナおよびヨアはラブシャケに言った、「どうぞ、アラム語でしもべたちに話してください。わたしたちはそれがわかるからです。城壁の上にいる民の聞いているところで、わたしたちにユダヤの言葉で話さないでください」。しかしラブシャケは言った、「わたしの主君は、あなたの主君とあなたにだけでなく、城壁の上に座している人々にも、この言葉を告げるために、わたしをつかわされたのではないか。……」。

そしてラブシャケは立ち上がり、ユダヤの言葉で大声に呼ばわって言った……。

3　異言語訛り

異国語を話さなければいけない状況で、それができないばかりに困窮する、というのはよくある話である。しかし、ここで取りあげる旧約聖書の話は、困窮をはるかに超えた悲劇である。(『旧約聖書』「士師記」一二章四〜六)。

エフタはギレアデの人々をことごとく集めてエフライムと戦い、ギレアデの人々はエフライムを撃ち破った。……そしてギレアデ人はエフライムに渡るヨルダンの渡し場を押えたので、エフライムの落人が「渡らせてください」と言うとき、ギレアデの人々は「あなたはエフライムびとですか」と問い、その人がもし「そうではありません」と言うならば、またその人に「では『シボレテ』と言ってごらんなさい」と言い、その人がそれを正しく発音することができないで、「セボレテ」と言うときは、その人を捕えて、ヨルダンの渡し場で殺した。その時エフライムびとの倒れたものは四万二千人であった。

異言語の地を訪問し、あるいは移住した人は、すぐにその地の言語を駆使できるわけではない。かれらがまだつたない異言語しか話せず、それがもとで、その地の人にあらぬ誤解をあたえることがしばしばある。つぎの日本書紀にある記事は、そのような人が、まえの話とはぎゃくに、あやうく悲劇になりかけて、救われるが、外交問題にまで発展する話である。(『日本書紀②』〔新編日本古典文学全集三〕小島憲之ほか＝訳注、小学館、一九九六年、「允恭紀」一二七～一二九頁)。

四十二年〔後四五四年〕春正月の乙戊朔《いつがいついたち》の戊子《ぼし》(十四日)に、〔允恭《いんぎょう》〕天皇が崩御された。……。新羅王は、天皇がすでに崩御されたと聞いて驚き悲しんで、調《みつき》の船八十艘と種々の楽人八十人を貢上した。……

冬十一月に、新羅の弔問使らは、喪礼がすべて終って帰国することになった。新羅人はいつも京城《みやこ》の傍らの耳成山《みみなしやま》・畝傍山《うねびやま》を愛でていた。それで琴引坂まで来た時、振り返って、「ウネメハヤ、ミミハヤ」と言った。これはまだ、この国の言葉を習得していなかったので、畝傍山を訛ってウネメと言い、耳成山を訛ってミミと言ったのである。その時、倭飼部《やまとのうまかいべ》は、新羅人に従っていて、この言葉を聞いて疑って、新羅人が采女《うねめ》と密通したと思った。そこで引き返して大泊瀬皇子《おほはつせのみこ》に謹んで申しあげた。皇子はただちに新羅の使者を残らず禁固して、尋問された。その時、新羅の使者は謹んで、「采女を犯したことはありません。ただ京《みやこ》の傍らの二つの山を愛でて言っただけです」と申しあげた。それで飼部の上申が虚言であったことをお知りになり、皆お許しになった。新羅人はたいそう恨み、貢上物の品種と船の数を減らした。

方言は厳密には異言語ではないけれど、それに類するものと考えれば、つぎのトゥーキュディデースの記述は、アテーナイとスパルタとのペロポネソス戦争の一場面で、方言を意図的に利用して、戦況を有利にみちびいた話である。（『戦史（中）』一九六六年、一二九頁）。

［アテーナイ側の］デーモステネース［?～前四一三年］の率いる本隊は……夕刻ただちに行進を開始し……早暁、［スパルタ側の］アムプラキア本国勢にぶつかったのであるが、アムプラキア勢はまだ寝床にあり……突如現れた軍勢を見てはっきり味方に違いない、と信じきっていた。それも無理からぬ次第で、じつはデーモステネース

は一計を案じてメッセーニア兵部隊を進軍の先頭に立て、敵の前哨線までくればドーリス語で挨拶を交し、歩哨を安心させるようにと命じてあった……。こうしてデーモステネース自ら敵勢の真只中に躍り込むと兵らも続いてかれらを突き崩し、その場で屠《ほふ》った敵兵はおびただしい数に上り、残った者たちは山岳方面にむかってわれがちに敗走した。

これは、敵側のスパルタの人びととおなじギリシア語方言のドーリス語を話すメッセーニア人を、意図的にアテーナイ側の先頭に立たせて、スパルタ側をあざむいた話である。また、つぎのおなじトゥーキュディデースの記述も、戦争の一場面で、方言が戦局に混乱をもたらした話である。(『戦史(下)』一九六七年、一九一頁)。

アテーナイ側に致命的な打撃となった最大のものは、戦闘歌《パイアーン》の唱和であった。敵味方ともまぎらわしくよく似た歌であったため、聞くものを戸惑わせたのである。というのはアルゴス勢やケルキューラ勢などの、アテーナイ側に加わっていたドーリス系の諸部隊が戦闘歌を唱和するたびに、アテーナイ人は敵かと恐れ、敵が唱和すればまたこれも敵かと恐怖に陥ったからである。

これも、まえの話とおなじように、アテーナイの味方側のドーリス系の人びとと、敵側のスパルタ系の人びとが、同じ系統の方言を使うことから生じた混乱であった。ただしこれは、まえの話とはことなり、方言によってアテーナイ側が苦境にたたされることになった話である。

第4章　使　者

さまざまな集団の人びとのあいだの精神的交通すなわちコミュニケーションは、たがいに異なる言語を話す集団の人びとのあいだだけではなく、もちろん、同じ言語を話す人びとのあいだでも行なわれる。しかし、いずれにしろ、これらの人びとはたがいに近接しているとはかぎらない。このように、自分の思考を表現し、それを情報として口頭で伝えようとする相手が情報の送り手と空間的に離れている場合、この情報の送り手は、自分の情報を伝えるため、まず、情報の受け手のところへ直接出向いていかなければならない。

しかし、分業が進展してくると、情報の送り手は、自分自身が受け手のところに出向くのではなく、かれの代理者つまりは使者を使って、受け手に自分の情報を口頭で伝えること、すなわち「伝言」を思いつく。

1　鳥

鳥は、飛翔して行動が迅速であることから、神話などのなかでは、しばしば神々や人間による「伝言の使者」として利用される。しかし、神々や人間は、鳥を、その特性を理解したうえで、使者としてばかりでなく、危険回避のための情報源として、あるいはそのための手段として、さまざまな方法で利用する。そこでまず、神話や聖書のなかで語られるそのようなさまざまな鳥の利用方法を見てみよう。そして最後に、本題である「伝言の使者」としての鳥の利用方法について見ることにする。

（1）危険を予兆させる鳥

鳥はまず、その存在（＝飛翔）という事実を通して危険を予兆させることができ、神々や人間は、その危険回避のための情報源として鳥を利用する。

つぎは、平安後期の後三年の役（一〇八三～八七年）のときの話である。（『古今著聞集』〔日本古典文学大系八四〕永積安明・島田勇雄＝訳注、岩波書店、一九六六年、「巻第九　武勇第十二」二七三頁より訳出)。

〔源義家は〕永保の合戦〔後三年の役〕の時、金沢《かねさわ》城〔現・秋田県横手市にあった清原武衡《たけひら》の居城〕を攻めていたが、そのとき一連の雁が飛び去って、刈り取ったばかりのたんぼの上に降りようとしていた。すると、雁は、急におどろいて列を乱して飛んで帰り、それを見た義家は奇妙に思って乗っていた馬のくつわをおさえ、以前、先生であった大江匡房《まさふさ》が教えてくれたことを思いだした。それは、そもそも軍兵が野原でかくれていると、飛んでいる雁は列を乱す、ということだった。だから、この野原にはかならず敵兵がかくれているにちがいない。敵の背後からまわるように指示したところ、軍勢をわけて三方から取り巻くと、案の定、三百あまりの馬に乗った兵士がかくれていた。こうして、両方の軍勢がたがいに入りみだれて長いこと戦ったが、しかし、以前から承知していたことなので、義家は勝ちいくさに乗じ、武衡たちは敗北したのであった。

また、つぎも、まえの話と同様、鳥が、その存在という事実を通して危険を予兆させることができたかに思えたが、まえとはちがって、その予兆が錯誤によるものだったので、結果的に人間は、その危険回避のための情報源として鳥を利用できなかったという話である。

時は一一八〇年、平維盛《これもり》を大将とする追討軍と源頼朝とが、駿河国富士川をはさんで対峙したときのことである。〈『平家物語①』〈新編日本古典文学全集四五〉市古貞次＝訳注、小学館、一九九四年、「巻第五　富士川」四〇三頁〉。

その夜の夜半頃に、富士川の沼にたくさん群がっていた水鳥どもが、何に驚いたのか、ただ一時にばっと飛び立った羽音が、大風か雷などのように聞えたので、平家の兵士たちは、「そりゃ、源氏の大軍が寄せてきたぞ。斎藤別当が申したように、きっと背後にも回っていよう。取り籠められてはかなうまい。ここを退却して、尾張川、洲俣《すのまた》を防げや」といって、とる物もとりあえず、我先にと落ちて行った。

（2）先遣者としての鳥

（1）の「危険を予兆させる鳥」は、人間の危険回避に積極的にかかわったわけではなく、たんなる情報源として、人間によって消極的に利用されただけだった。
しかし鳥は、その存在（＝飛翔）という事実を通して、神々や人間の危険回避に積極的にかかわることもでき、神々や人間は、そのための手段である先遣者（道案内）として鳥を利用する。

場面は、足利高氏（尊氏）の六波羅攻めのときのことである。（『太平記①』〔新編日本古典文学全集五四〕長谷川端＝訳注、小学館、一九九四年、「巻第九　高氏篠村八幡の御願書の事」四四七頁）。

こうしたときに、一番《いとつがい》の山鳩が飛んで来て、旗の上を飛びまわった。高氏はこの様子をご覧になって、「まさに八幡大菩薩がここにお現れになって、我らをお護りくださる奇瑞である。この鳩が飛んで行く後を追って進軍せよ」と命ぜられたので、先頭の旗手が馬を進めて、その鳩の後に従って行くうちに、鳩はゆっくりと飛んで行き、大内裏《だいだいり》の旧跡、神祇官庁《じんぎかんちょう》の前にある樗《おうち》の木に止まった。諸軍勢はこの様子を見てますます勇み立ち、馬を進めてきたその道すがら敵兵が五騎、十騎と旗を巻き、兜《かぶと》を脱いで降参してきた。

まえの太平記の話では、鳥が、（1）の「危険を予兆させる鳥」とはことなり、人間の危機回避に積極的にかかわったが、そこでは神々や人間は、（1）と同じように、非意図的に偶然遭遇した鳥を利用したにすぎなかった。

これにたいして神々や人間は、放鳥することにより、危険回避の手段である先遣者（道案内）として、意図的に鳥を利用できる。

たとえば、つぎのギリシア神話の話がそうである。（『ギリシア神話』第一巻Ⅸ二二）。

> シュムプレーガデス岩［「打ち合わさる岩」の意］……の岩上には深い霧がかかり、轟々と鳴りひびき、翼あるものといえども岩と岩の間を通り抜けることはできない。そこで王は彼らに一羽の鳩を岩と岩との間に放って、もしこの鳩が無事に（通過したのを見た）場合には、心を許してそこを通航し、もし鳩がだめだったのを見た場合には無理に通ってはならないと言った。これを聞いて彼らは海に出た。そして岩の近くに来た時に、船首から一羽の鳩を放った。飛ぶ鳩の尾の端を岩が合して切り取った。そこで岩が再び退くのを待機していて、力いっぱいに漕ぎ、また、ヘーラーの助けに

よって、彼らは通り抜けたが、飾り艫《とも》の端がすっかり切り取られてしまった。

ギリシア神話のこの鳩は言葉を解さない即物的な鳥なのだが、日本の古事記では、カラスが、言葉を解する先遣者（道案内）になって登場する。有名な神武天皇東征のときの話である。（『古事記』三一七頁）。

そしてまた、高木大神《たかきのおおかみ》のお言葉による教え諭《さと》しを申せば、「天つ神のご子孫よ、ここより奥の方にお入りになってはいけない。荒々しい神が多数いる。今すぐ天上界から八咫烏《やあたからす》［大型のカラス］を行かせよう。そうすればその八咫烏が道案内をする。八咫烏が飛び立つ後についてお行きなさい」とのことでございます、と申した。そこでその教え諭しのとおりに、八咫烏の後からお出でになったところ、吉野河の河口にお着きになった。

また、このくだりが、日本書紀ではつぎのようになっている。（『日本書紀①』〔新編日本古典文学全集二〕小島憲之ほか＝訳注、小学館、一九九四年、「神武天皇」二〇五頁）。

天皇軍は国の内部に進入しようと試みた。ところが山中は険阻で、行くべき道もなかった。……その夜、天皇は夢を見られたが、その中で、天照大神《あまてらすおおみかみ》が天皇に教えて、「私は今から頭八咫烏《やたからす》を遣わそう。この烏を道案内とするがよい」と仰せられた。はたして頭八咫烏が空から舞い降りて来た。……この時、大伴氏の遠祖日臣命《ひのおみのみこと》は、大来目《おおくめ》を率いて大きな兵軍の将軍として、山を踏み道を開いて、烏の行方を求め、これを仰ぎ見ながら後を追って行った。そうしてついに菟田《うだ》［奈良県宇陀郡］の下県《しもつあがた》に到着した。

なお、頭八咫烏は、このときの道案内の功績によって、のちに神武天皇から恩賞を授かった。（『日本書紀①』「神武天皇」二三五頁）。

ところで、まえの古事記の「八咫烏」や日本書紀の「頭八咫烏」は、言葉を発しないが神々の命を聞くことができ、したがって言葉を解する鳥であり、それにくわえて神々が、放鳥することにより、先遣者（道案内）として意図的に利用した鳥でもある。だから、ここに描きだされている鳥は、これまでの鳥とはちがい、言葉を解し、かつ、神々によって意図的に放鳥された鳥である、というふたつの特徴をもち、このふたつの特徴から、鳥は、たんなる先遣者（道案内）から使者（無言の使者）へと進化したのである。

つぎのイスラム教の聖典コーランのなかのカラスも、古事記や日本書紀のカラスと同じように、言葉を発しないけれども言葉を解し、神によって放鳥された使者（無言の使者）である。そしてその任務は、道案内ではないけれど、それと同じような、ある種の方法を教示することである。

場面は、アダムとイヴの子、兄カインが弟アベルを殺害したときのことである。（『コーラン』〈世界の名著一五〉藤本勝次編、中央公論社、一九七〇年、五章三〇～三一）。


殺意に駆りたてられて、ついに彼［カイン］は弟［アベル］を殺してしまい、結局損失者の一人となった。

神は一羽の烏を遣わして、地を掻《か》かせ、弟の死骸を隠す方法を彼に教えたもうた。彼は言った。「ああ、情けないかな。私はこの烏のようにもなれないのか。弟の死骸を隠すこともできない」。こうして彼は、後悔に責められる人となった。

（3）大洪水伝説における鳥

『旧約聖書』「創世記」のなかの大洪水伝説はよく知られた話だが、そこでは、鳥が、危険回避の手段である先遣者として、つぎのような場面で登場する。（『旧約聖書』「創世記」八章三〜一二）。

水はしだいに地の上から引いて、百五十日の後には水が減り、箱舟は七月十七日にアララテの山にとどまった。水はしだいに減って、十月になり、十月一日に山々の頂が現れた。

四十日たって、ノアはその造った箱舟の窓を開いて、からすを放ったところ、からすは地の上から水がかわききるまで、あちらこちらへ飛びまわった。ノアはまた地のおもてから水がひいたかどうかを見ようと、彼の所から、はとを放ったが、はとは足の裏をとどめる所が見つからなかったので、箱舟のノアのもとに帰ってきた。水がまだ全地のおもてにあったからである。彼は手を伸べてこれを捕え、箱舟の中の彼のもとに引き入れた。それから七日待って再びはとを箱舟から放った。はとは夕方になって彼のもとに帰ってきた。見ると、そのくちばしにはオリブの若葉があった。ノアは

地から水がひいたのを知った。さらに七日待ってまた、はとを放ったところ、もはや
彼のもとには帰ってこなかった。

大洪水伝説は、聖書ができあがるずっと以前の古代メソポタミアの時代から語りつがれ、聖書のこの記述も、これらの話がもとになってできあがったものである。そのうち、紀元前二千年紀前半に書かれたシュメル語版『大洪水伝説』と、そのあとにアッカド語で書かれた『アトラ〔ム〕・ハシース物語』には、鳥をこのような先遣者として利用するという話はでてこないが、前一二世紀頃に書かれた『ギルガメシュ叙事詩〔標準版〕』では、鳥が、創世記とおなじ先遣者の姿で描かれる。(『ギルガメシュ叙事詩』矢島文夫訳、ちくま学芸文庫、一九九八年、一二四～一二六頁)。

六日〔と六〕晩にわたって、台風が国土を荒らした
七日目がやってくると、洪水の嵐は戦いにまけた
それは軍隊の打ち合いのような戦いだった
海は静まり、嵐はおさまり、洪水は引いた

……
ニシル山に船はとどまった
ニシルの山は船をとらえて動かさなかった
……
［それからまた］七日目がやって来ると
私は鳩を解き放してやった
鳩は立ち去ったが、舞いもどって来た
休み場所が見あたらないので、帰ってきた
私は燕を解き放してやった
燕は立ち去ったが、舞いもどって来た
休み場所が見あたらないので、帰ってきた
私は大烏（おおがらす）を解き放してやった
大烏は立ち去り、水が引いたのを見て
ものを食べ、ぐるぐるまわり、カアカア鳴き、帰って来なかったまた、バビロンの祭司ベロッソスが、前二五七年にギリシア語で書いたとされる『バビロニア誌』にも、創世記と同様の任務をおびた鳥が登場する。（アンドレ・パロ『聖書の考古学』波木居斉二・矢島文夫訳、みすず書房、一九六〇年、一三六頁）。

大洪水が起って、やがて終った。クシストロスは数羽の鳥を放った。しかし食物もとどまるべき場所も見あたらないので、船に帰って来た。三度目に放ったが鳥はもはや船に帰って来なかった。クシストロスはそのとき、地面が現われたのを知った。

（4）伝言の使者としての鳥

さて、これまで述べてきた鳥は、人間が危険回避のための情報源として、あるいはそのための手段である先遣者（道案内）として、あるいは無言の使者として登場するだけで、ひとことの言葉も発しなかった。

しかし、エジプト神話の、朱鷺《とき》の姿をしたトト神にまつわる話のなかで、鳥（朱鷺）は、使者として言葉を発する「伝言の使者」であることが予定されている。（ステファヌ・ロッシーニ／リュト・シュマン＝アンテルム『（図説）エジプトの神々の事典』矢島文夫・吉田春美訳、河出書房新社、一九九七年、一九二頁）。

〔トト神は王の〕戴冠式のとき、……聖木イシェドの葉に王の〈偉大な名〉を記入しながら、〈在位期間が百万年、何百万年と続くなんじの年代記を授ける〉とファラオに告げる。そのよき知らせを伝えるため、鳥たちが四基本方位に放される。

使者として言葉を発する鳥はコーランのなかにも登場する。（『コーラン』二七章一六〜三五）。

ソロモンはダビデの跡を継いで言った、「人々よ、われわれは鳥のことばを教わった。……」

ジン［妖霊］と人間と鳥からなる軍勢が、ソロモンのために隊列をととのえて結集し、蟻の谷までやってきた。……

彼は鳥の点呼をして、「やつがしらを見かけないが、どうしたことだろう。欠席組に入っているのか。かならず厳罰に処するか、殺すことにしよう。もっとも、はっきりした理由を提示するなら別だが」と言った。

やつがしらは、ほどなくやってきて、「私は、あなたがご存じでないことを知っています。サバ〔旧約聖書のシバ〕からたしかな消息を持参いたしました。私は、人々に君臨している一人の女性を見つけました。彼女は、あらゆるものに恵まれ、偉大な玉座に就いています。私は、彼女とその民が、神をさしおいて太陽を崇拝していることを知りました。……

ソロモンは言った、「われわれは、おまえが真実を語ったか、それとも嘘つきかを、やがて知ることだろう。この手紙をもってゆき、彼らにわたしてひき返せ。そのうえで、彼らがどのような返事をするかを待ってみるがよい」

サバの女王は言った、「重臣たちよ、私に高貴なる便りが届けられた。ソロモンからの書状で、『……おまえたちはわれわれに傲慢な態度を示すことなく、帰依者となって、われわれのもとへ参れ』とある」……

彼女は言った、「……私は彼らのもとへ贈物を届けよう。そのうえで、使節たちがどのような答えをもち帰るかを待ってみるとしよう」

どうやらコーランで、ダビデは鳥の言葉を理解できたことになっている。それはともかく、ここでの鳥は、後半、伝書鳩のように手紙を運んではいるが、伝書鳩のようなたんなる運搬者ではなく、言葉を発する鳥である。

古事記のつぎの話にでてくる鳥も、使者として言葉を発する「伝言の使者」である。(『古事記』二九四〜二九五頁)。

ここにいたって、天照大御神と高御産巣日神《たかみむすひのかみ》は、また、多くの神々に諮問なさった。「天若日子《あめわかひこ》は長い間報告してこない。さらにどの神を派遣して、天若日子がいつまでもその国に留まっているわけを問い糾《ただ》させたものか」。そこで諸神と思金神《おもいかねのかみ》の答申は、「雉子《きじ》の、名は鳴女《なきめ》を遣わすのがよろしゅうございましょう」というのであった。鳴女を派遣する時に天照大御神と高御産巣日神は、「おまえが行って天若日子を訊問すべきことは、『おまえを葦原中国《あしはらのなかつくに》に派遣したわけは、その国の荒々しい神どもを服従させ平定せよとのためである。何故に八年に至るに、その報告をしないのか』と問え」と仰せになった。

そこで雉の鳴女は天から降《くだ》って来て、天若日子の家の門にあるユツ桂の木(木犀《もくせい》)

の上にとまって、一語も違わず天つ神の仰せの通りに言った。

ここには、使者たるべき条件がしめされている。それは、移動が迅速であることと、伝言を相手にたいして正確に再現できることである。雉の鳴女は飛翔する鳥である、ということで前者の条件を、一語も違わずに天つ神の伝言を伝えた、ということで後者の条件をみたしているのである。なお、このくだりは、おなじような話として日本書紀にも書かれている。(『日本書紀①』「神代下」一二三〜一二五・一二三頁)。

ところで、まえにみた古事記の神武天皇東征の話のなかの八咫烏は、神格化・人格化されない仲介者(「無言の使者」)のように描かれていたが、実際にはそうではなく、その話の続きでは、神格化され、明確に言葉を発する「伝言の使者」として登場する。(『古事記』三一八頁)。

こうして到着した宇陀《うだ》には、兄宇迦斯《えうかし》・弟宇迦斯《おとうかし》の二人がいた。そこで、まず八咫烏を遣《や》って、二人にお問いになって、「今、天つ神のご子孫がおいでになっていらっしゃる。おまえたちはお仕え申し上げるか」と言った。すると、兄宇迦斯は鏑矢《かぶらや》で、使者である八咫烏を射て追い返した。その時からその鏑矢の落ちた所を訶夫羅前《かぶらさき》という。

ところで、まえの古事記の話のつづきの日本書紀のほうの記述でも、まえには道案内をするだけで、ひとことも言葉を発しなかった「無言の使者」である頭八咫烏が、言葉を発する「伝言の使者」として登場する。（『日本書紀①』「神武天皇」二一九～二二〇頁、傍点引用者）。

天皇軍は大挙して磯城彦《しきつひこ》を攻撃しようと、まず使者を派遣して兄磯城《えしき》を召された。ところが兄磯城はその命令に従わなかった。そこでさらに頭八咫烏を派遣して召された。頭八咫烏は、兄磯城の陣営に着いて鳴くことには、「天神《あまつかみ》の御子が、お前をお召しになっている。さあ、さあ」と言った。兄磯城はこれを聞いて怒り、「天圧神《あまのおすかみ》〔天上界の威圧する神〕が来られたと聞いて憤慨している時なのに、どうして烏のやつがこんなに不吉な声で鳴くのか」と言い、弓をしぼって矢を射た。それから烏は弟《おと》磯城《しき》の家にやって来て鳴くことには、「天神の御子がお前をお召しになっている。さあ、さあ」と言った。弟磯城は畏怖恐懼《いふきょうく》して、「わたしは天圧神がおいでになると聞いて、朝夕恐れ畏《かしこ》んでおりました。鳥よ、お前がこのように伝えてくれて、とてもうれしく思っている」と言って、木の葉で編んだ平皿八枚を作り、料理を盛って振舞った。

伝言の使者として、鳥は人間よりも有用だったのである。

つぎの古事記の歌は、弟の穴穂御子《あなほのみこ》（後の安康天皇）との政争に敗れ、伊予の道後温泉に流されることになった木梨之軽太子《きなしのかるのひつぎのみこと》が、不倫相手の軽大郎女《かるのおおいつらめ》にあてたものなのだが、ここでも、鳥が、言葉を発する「伝言の使者」として想定されている。しかしそこでは、鳥が、神格化から脱して人格化、というよりもむしろ擬人化されて登場する。（『古事記』二〇三～二〇四・四二一頁）。

《天《あま》飛ぶ鳥も使《つかひ》そ／鶴《たづ》が音《ね》の　聞こえむ時は／我が名問《と》はさね》

天高く飛ぶ鳥も伝言の使者／鶴の声が　聞こえたならば／私の名を告げ、私の消息を聞いて欲しい

この歌はあの有名な伊勢物語のつぎの歌を思いださせる。

《名にし負はば　いざ言問《こと》はむ　都鳥
我が思ふ人は　ありやなしやと》
都という名前をもっているならば、さあ、尋ねてみよう。
都にいるわたしの愛するひとは元気でいるのかどうか、と。

2　人間

(1) 一方通行の使者

さて、今度は、鳥ではなく人間の使者についてである。

人間の使者は、鳥とはちがい、当初から言葉を発する「伝言の使者」であった。つまり、伝言の送り手が、直接その受け手のところへ出向くかわりに、代理者である使者を使って、送り手の伝言を受け手に口頭で伝えることになる。

このように、送り手からの伝言を受け手に一方的に伝えるだけ、という使者の話は古事記のなかに多数みられる。

たとえば、迩々芸命《ににぎのみこと》が木花之佐久夜毘売《このはなのさくやびめ》に求婚するときの場面では、このような使者が、伝言の送り手と受け手のあいだでたがいに交換されている。(『古事記』三〇四〜三〇五頁)。

天津日高日子番能迩々芸命《あまつひこひこほのににぎのみこと》は、笠紗《かささ》の岬で容姿端麗な美人《おとめ》に出遭った。……そこで迩々芸命は、「我はおまえと結婚したいと思う。どうか」と仰せられた。佐久夜毘売《さくやびめ》は答えて、「私めは申し上げかねます。私めの父、大山津見神《おおやまつみのかみ》が申し上げることでございましょう」と申した。そこでその父の大山津見神に求婚の使者を立てた時に、大山津見神はたいそう喜んで、その姉の石長比売《いわながひめ》を副《そ》え、たくさんの結納の品々を持たせて献上した。ところが、その姉はひどく醜かったので、迩々芸命はひと目見て恐ろしいと思って送り返し、ただその妹の木花之佐久夜毘売を手許に置いて、一夜の契りを結ばれた。その大山津見神は、迩々芸命が大山津見神をお返しになったために、たいそう恥じて物申す使者をたて、……。

迩々芸命が大山津見神に求婚のための使者を立てたのにたいし、大山津見神は、また独自に、物申す使者、すなわち「伝言の使者」を立てて答えるのである。

ところで、使者は、送り手からの伝言を受け手に一方的に伝えるだけで、返事は不要だという任務を、意図的に負わされることがある。つぎのギリシア神話の話は、テーバイ人とアルゴス人との戦争で、そのような使者が必要となった必然的な状況を物語り、使者には、「見捨てられた使者」となるような悲惨な結末が待ちうけている。(『ギリシア神話』第三巻Ⅶ三)。

テーバイ人は城壁内に一団となって敗走した。[預言者]テイレシアースが彼らに「アルゴス人には和議の使者を派遣し、彼ら自身は逃げるように」と言ったので、敵には使者を送り、自分たちは車に妻子を乗せて市より遁れた。

さらにまた、使者は、伝言の送り手が、相手(受け手)をあざむくために利用されることがある。その一例がつぎのギリシア神話の話である。(『ギリシア神話』摘要Ⅱ一〇〜一三)。

ペロプスの子にピッテウス、アトレウス、テュエステースその他があった。アトレウスの妻は……テュエステースを愛していた。……王国をアトレウスが獲得し、テュエステースを追放した。しかし［アトレウスは］、後［妻とテュエステースの］姦通を知って、和睦の使者を送って彼を招いた。そして友のごとく装って、テュエステースが来た時に、彼が水のニムフより得た子供たちを……殺害し、八裂きにして、煮て、身体の端の部分を除いて、テュエステースに供し、彼が飽食した時に、端の部分を示し、そして国外に追放した。

（2）返事を持ち帰る使者

ところで、人間の使者は「言葉を発する」使者であるだけでなく、「言葉を聞く」使者でもあり、したがって、この使者は、送り手の伝言を受け手に一方的に伝えるだけでなく、受け手の返事を聞き、その返事（伝言）をもとの送り手に口頭で伝えることもする。

このような人間の使者を、シュメル語では「キッギア」といい、まさにそれは「伝言（キグ／キン）を持ち帰る（ギ）者」を意味するというが（岡田明子・小林登志子『シュメル神話の世界』中公新書、二〇〇八年、一九四頁）、その伝言（返事）を持ち帰る使者についてのもっとも古い部類の記事は、前にみたシュメルの叙事詩『エンメルカルとアラッタの君主』のなかにあらわれる。(『シュメル神話の世界』一八七〜一八九頁)。

ウルク王エンメルカルは、あるとき聖なる女神イナンナに「我が女神よ、妹よ。アラッタが我がウルクに服従し、神殿や王宮を立派に建造するようにさせたい」と祈願した。

女神はこうお答えになった。「エンメルカルよ、私の忠告をよくお聞きなさい。軍隊のなかから弁舌爽やかで忍耐力のある者を使者として選び、その者にズビ山地を越えてスサやアンシャン、山岳地方へ赴かせ、彼らを小さな鼠のように慎ましく平伏させるのです。アラッタの住民に山から石を切り出して、ウルクの聖所を建造させるのです。……

イナンナ女神の言葉どおりにエンメルカルは慎重に使者を選び、女神の言葉を伝えた。……

アラッタに到着すると、使者はウルク王エンメルカルの言葉を伝え、「あなたがなんとお答えになりましょうともウトゥ神の御子エンメルカルには吉報をお届けすることになっております」と申した。

それを聞くとアラッタの君主は「……アラッタがウルクに服従しなければならないというのはまったく問題にならん」と答える。

すると使者は、わが王が聖なるイナンナ女神をエアンナの神聖な女主人となされたので、女神はアラッタの君主をウルクに服従させようと約束なさったのだと述べた。

頭が混乱したアラッタの君主は、まるで牡牛のような唸り声で使者にこう言った。

「……アラッタは今飢えに苦しんでいる。……ここまで穀物を運んでくるがよい。そして、この宮殿の中庭に穀物を山と積み上げることができたなら、それこそ女神イナンナがアラッタを見捨てたということで、この私も潔くウルクに屈することにしよう」

ウルクに帰還した使者はクラバの君主エンメルカルに伝言を一言一句違わずに復誦し、あまつさえ牡牛のように唸ってみせた。

ここでは、使者に必要な条件として、弁舌爽やか、忍耐力、伝言を一言一句違わずに復誦できること、などが挙げられている。つまり、使者は、足腰が丈夫で、送り手の伝言を相手に明瞭に伝えることができ、相手の伝言（返事）を、もとの送り手に、牡牛のような唸り声にいたるまで正確に再現して伝える、ということである。

送り手の伝言を受け手に伝えるとともに、受け手の返事を聞き、その返事（伝言）をもとの送り手に口頭で伝えるという使者の話は、神話や聖書のなかにたびたび登場するが、つぎの旧約聖書の話もそのひとつで、ふたりの王が、たがいに使者を派遣して、おのおの相手から返事（伝言）を受けとる、というものである。（『旧約聖書』「列王紀・上」二〇章一～九、傍点引用者）。

> スリヤの王ベネハダデはその軍勢をことごとく集めた。……彼は上ってサマリヤを囲み、これを攻めた。また彼は町に使者をつかわし、イスラエルの王アハブに言った、「ベネハダデはこう申します。『あなたの金銀はわたしのもの、またあなたの妻たちと子供たちの最も美しい者もわたしのものです』」。イスラエル王は答えた、「王、わが主よ、仰せのとおり、わたしと、わたしの持ち物は皆あなたのものです」。使者は再びきて言った、「ベネハダデはこう申します、『わたしはさきに人をつかわして、あなたの金銀、妻子を引きわたせと言いました。しかし、あすの今ごろ、しもべたちをあなたにつかわします。彼らはあなたの家と、あなたの家来の家を探って、すべて彼ら

の気にいる物を手に入れて奪い去るでしょう』」。
そこでイスラエルの王は国の長老をことごとく召して言った、「よく注意して、この人が無理な事を求めているのを知りなさい。彼は人をつかわして、わたしの妻子と金銀を求めたが、わたしはそれを拒まなかった」。すべての長老および民は皆彼に言った、「聞いてはなりません。承諾してはなりません」。それで彼はベネハダデの使者に言った、「王、わが主に告げなさい。『あなたが初めに要求されたことは皆いたしましょう。しかし今度の事はできません』」。使者は去って復命した。

伝言の使者は、「言葉を発する」使者であり、さらに「言葉を聞く」使者であるとともに、「考える」使者でもある。したがって、使者の考えにもとづいて、伝言を、正確に再現するという機械的な役割を放棄し、意図して（考えて）不正確に伝える、ということが起こりうる。使者のそのような讒言《ざんげん》によっておこった悲劇が古事記のつぎの話である。（『古事記』四二四〜四二五頁）。

［安康］天皇は、同母弟の大長谷王子《おおはつせのみこ》のために……根臣《ねのおみ》を大日下王《おおくさかのみこ》の家に派遣し、「あ

なたの妹の若日下王《わかくさのみこ》と結婚させたいと思う。それゆえ献上して欲しい」と仰せになった。この仰せに大日下王は、四度拝礼して、「もしかしたらこのような御下命もあろうかと思っておりました。そのため妹を外にも出さずにおりました。まことに畏れ多く存じます。御下命どおりに参内致させます」と申した。しかし言葉だけで申し上げるのは失礼かと思い、その妹のための贈り物として樹枝状の冠を根臣に持たせて献上した。ところが、根臣はその贈り物の玉を盗み取り、天皇には、大日下王を讒言して、「大日下王は、御下命を受け入れずに、『自分の妹を、同じ血族の末席に置くわけにはいかない』と大刀《たち》の柄《つか》を握って怒っておりました」と申し上げた。これを聞き、天皇はたいそう大日下王をお怨みになり、大日下王を殺して、王の正妻の長田大郎女《ながたのおおいらつめ》を奪い取ってきて、皇后となさった。

この話で重要なのは、伝言の使者は、たんに言葉を伝える（伝言する）という、精神的交通の媒介者となるだけでなく、物を伝える（伝送する）という、物質的交通の媒介者ともなっていて、まさに悲劇は、使者のそのような二面性から生みだされたものだ、ということである。

（3）専属の使者

経済的・軍事的・政治的などさまざまな理由で、送り手の伝言の必要性が増えてくると、これまでそのつど適任者をさがして充てていた伝言の使者を、分業として特定の専属の使者（＝専使）にかえる、ということが行なわれるようになる。

このような専属の使者としてもっとも知られている者は、おそらくギリシア神話のヘルメースをおいてほかにない。すなわち、ギリシア神話第三巻には、つぎのように記されている。（『ギリシア神話』第三巻X二）。

ゼウスは彼［ヘルメース］を自分自身並びに地下の神々の使者に任じた。

そのヘルメースの従順な専属使者ぶりは、ギリシアのアイスキュロスによって、劇中で揶揄《やゆ》される。（アイスキュロス『縛られたプロメーテウス』呉茂一訳、岩波文庫、一九七四年、七四頁）。

だがまてよ、あのゼウスの走り使いが来た、
あの成り上りたての僭主［ゼウス］の家来が。
きっと新規になにかをふれ廻しにやって来たのだ。

ギリシア神話では、また、ポリュポンテースという男がテーバイ王ラーイオスの「伝令使」であったとあり、神話のなかでは、王に専属の使者のいたことが知られる。（『ギリシア神話』第三巻Ⅴ七）。

（4）早馬の使者

伝言の使者に必要な条件としてもっとも重要なものは、移動が迅速であるということだが、その条件は、かならずしも使者本人にあてはまらなければならない、というものではない。使者は、その脚力を駆使して自分自身が走るのではなく、かれを迅速に移動させてくれる手段があればよいのである。そして、そのような移動手段として古くから活用されてきたものに馬がある。

このような、馬による迅速な移動手段を、日本では古くから「はやうま（早馬）」を短

縮して「はゆま（駅）」と呼んでいたが、伝言の使者がこの早馬を利用した例は日本の古事記にも多く見られる。

つぎにあげる早馬の利用例では、使者が、馬を情報収集（探索）のために利用するという、先遣者と「伝言の使者」とのあいだの中間的な役割を担わされている。（『古事記』一一五・三三六頁）。

《是《ここ》を以ち、駅使《はゆまづかひ》を四方《よも》に班《あか》ち、意富多々泥古《おほたたねこ》と謂《い》ふ人を求むる時に、河内《かふち》の美努村《みののむら》に其の人を見得て、貢進《たてまつ》る。》

そこで早馬の使者を四方に分けて出して、意富多々泥古《おほたたねこ》という人を探し求めたところ、河内国の美努村《みののむら》でその人を見つけることができて、その人を天皇に進上した。

また、つぎにあげる早馬の利用例は、使者が「伝言の使者」としての役割を（といっても一方通行ではあるが）担わされている。（『古事記』三六〇〜三六四頁）。

こうしたことがあって、結婚なさって、倭建命《やまとたけのみこと》は、その身に帯びていらっしゃる草薙《くさなぎ》の剣を、美夜受比売《みやずひめ》のもとに置いて、伊吹山の神を殺しにお行きになった。……
この時にご病気がたいそう急変した。それでもお歌いになっておっしゃる、
乙女の　床のかたわらに／我が置き残した　太刀／その太刀よ
と歌い終わり、崩御なさった。そこで早馬の使者を、都の天皇にお届け申し上げた。

Ⅱ　文字コミュニケーション

第1章　文字の創造

1　シュメル

「文字」をどのように定義するかにもよるが、人間の歴史のなかで、はじめて文字といわれるものを出現させたのはシュメル人であろう。それでは、当のシュメル人は、自分たちの文字の誕生について、どのように考えていたのだろうか。

まえに、シュメルの英雄叙事詩『エンメルカルとアラッタの君主』のなかで、ウルク王エンメルカルの使者が、アラッタの君主のもとへと派遣され、ウルクに服従するように、というエンメルカルの伝言を伝えたあと、こんどはアラッタの君主の返事（伝言）をエンメルカルに持ち帰り、それを一言一句違わずに復誦した、という話をした。英雄叙事詩のこのつづきでは、その後、アラッタの君主はさまざまな条件をだして服従をこばんだが、ついに「苦悶の末、アラッタの君主は［エンメルカルの使者に］重要な伝言を託した。

……しかし、この伝言を聞いたエンメルカル王は玉座の上からほとばしる奔流のような大音声で」(『シュメル神話の世界』一九二〜一九三頁)、あらためて使者にたいしてアラッタの君主への伝言をしたとあり、そのあと話はつぎのように展開する。(『シュメル——人類最古の文明』三三頁)。

彼(=エンメルカル)の言葉は〔かなりの量〕であり、その内容はあまりに多い。使者の口は重く、それを復唱できない。使者の口は重く、それを復唱できないので、クラバ(=ウルク市)の主人(エンメルカル)は粘土板を整え、言葉を粘土板の上に置いた(=書いた)。それ以前に粘土板の上に置かれた言葉はなかった。

つまり、この叙事詩のなかで、シュメル人は、エンメルカル王の伝言が使者によって記憶することができないほど大量だったので、その伝言を記録するため、エンメルカルによって文字が創造された、と考えていたことになる。

しかし、前三世紀中頃に書かれたベロッソスの『バビロニア誌』は、シュメルにおける文字の最初の創造者を、大洪水以後のウルク王エンメルカルよりさらに古くにさかのぼらせ、大洪水以前のシュメル王アロルスAlorus治世下の賢人オアネスOannesに帰している。(前田徹「シュメール人の思考の一断面」『早稲田大学文学研究科紀要』四六巻四号、二〇〇一年二月、四~五頁)。

2 エジプト

エジプト神話では、文字の創造が、朱鷺《とき》の姿をしたトト神によるものとされた。(『エジプトの神々事典』一九一頁)。

[トトは]その大きな口からこぼれ落ちる創造の言葉によって、物質を秩序立て、宇宙を創造し、宇宙の機能の法則を作り上げた。……そうした活動によって、トトはただちに言葉の発明者、知性の神となった。宇宙の構造は、あらゆる変化や誤った解釈から守るために書きとめておかなければならない。そこでトトは書くことを発明し、「時の始まりから最初に書いたもの」となった。

つまり、トト神は、言葉を創造するとともに、その言葉を書きとめる文字をも創造したのである。そしてそのトト神の書き記した文書が魔力をもち、その文書をめぐって繰りひろげられる話が、エジプト神話の「サトニ・ハームスの怪奇な物語」である。（矢島文夫編『古代エジプトの物語』現代教養文庫（社会思想社）一九七四年）。なお、ギリシアでは、エジプトのこのトト神がヘルメスに比定されている。

3　ギリシア

ギリシアでは、アイスキュロスの戯曲のなかで、文字を創造し、それを人間にあたえたのはプロメーテウスだ、ということになっている。（『縛られたプロメーテウス』四〇～四一頁）。

なら人間どものみじめな様子を
まず聞いてくれ、どんなに前には幼稚だったか、
それへ私が思慮をつぎこみ、わきまえを持たせてやった。……

ことにまた、気のきいた工夫の中でもいちばんの、数というもの、
それも私が彼らに見つけてやった、またムーサの母なる
まめやかな働き女、万事の記憶をとめる文字を書きまた綴るわざも。

まさにプロメーテウスは人間に「読み書き算盤《そろばん》」を教えたのだが、そのうち「読み書く」文字を、プロメーテウスは、シュメルのエンメルカル王とおなじように、人間の記憶を記録するために創造したのである。

しかし、史実として、ヘロドトスは、ギリシアに文字をもたらしたのはフェニキア人だと言っている。（ヘロドトス『歴史（中）』松平千秋訳、岩波文庫、一九七二年、巻五―五八）。

［テュロス王の王子］カドモスとともに渡来したフェニキア人たちは……この地方［ギリシア］に定住して、ギリシア人にいろいろな知識をもたらした。中でも文字の伝来は最も重要なもので、私の考えるところでは、これまでギリシア人は文字を知らなかったのである。

4　インド

インドにおける文字の起源について、「インドの民話は、知恵の神で、象の顔をしたガネーシャが文字を発明したと伝えている。民話によれば、ガネーシャは自分の牙を一本折って、鉛筆代わりにした」とされている。（スティーヴン・ロジャー・フィッシャー『文字の歴史』鈴木晶訳、研究社、二〇〇五年、一三六頁）。

5　中国

中国の伝承では、上古、記憶を記録する方法として、インカ帝国のキープのような縄の結び目による結縄《けつじょう》knot code が用いられていたが、それでは不確な記録しか残せないので、確実な記録の方法として、後世の聖人が文字を作った、とされている。（『易経（下）』〔新釈漢文大系第六三巻〕今井宇三郎ほか＝訳注、明治書院、二〇〇八年、一五九六頁）。

《上古結縄而治。後世、聖人、易之以書契、百官以治、萬民以察。》

上古の、まだ文字がなかった時代には、縄に結び目を作って、それを情報を伝える手段として用い、それで世の中はうまく治まっていた。後世の聖人はそのような不確かな方法をあらためて、文字を作り、それを木に刻み込むことにして、事情の伝達を確実なものにした。そうすることによって官吏たちの職務はみごとに治まり、民衆はそれによってものごとがうまく治まっていることを了解したのである。

それでは、文字を創造した後世の聖人とは誰だったのかというと、伝説的な三皇五帝のうちの黄帝の史官だった蒼頡《そうけつ》（倉頡）だったとされている。そして、彼がはじめて文字を創造したことから生じた出来事について、『淮南子《えなんじ》』はつぎのように伝える。（『淮南子（上）』〈新釈漢文大系第五四巻〉楠山春樹＝訳注、明治書院、一九七九年、三六八・三七〇頁）。

《昔者蒼頡作書、而天雨粟、鬼夜哭。》

むかしのこと、蒼頡（黄帝の臣）が始めて文字を作ると、天は粟を降らせ、鬼は夜哭《よな》きした。

この文の意味について、後漢の高誘による注解では、「蒼頡が文字を作ったことにより、以後、農耕をすてて文を事とする者が続出し、ために米粟が不足し、民が飢えに至るのをおそれて天が粟をふらしたのである」と解釈されている。（『淮南子（上）』三七〇〜三七一頁）。

また、この蒼頡の業績について、『荀子《じゅんし》』ではつぎのように言われる。（『荀子（下）』（新釈漢文大系第六巻）藤井専英＝訳注、一九六九年、六三七・六三九頁）。

《好書者衆矣、而倉頡獨傳者壹也。》

古来文字を好み修めた者は多数居るが、倉頡だけが後世に伝わるのは、その事に専念したからである。

6　日本

むかしから日本に文字があったかどうか、ということについては、『随書』の列伝四六巻「倭国伝」につぎのような記事がみえる。（鳥越憲三郎『中国正史 倭人・倭国伝全釈』中央公論社、二〇〇四年、一八八頁)。

無文字、唯刻木結繩。敬佛法、於百濟求得佛經、始有文字。

つまり、もともと日本に文字というものはなく、木の刻みにより、あるいは縄を結ぶことによって、それを文字の代用としていたが、その後、仏法を敬い、百済で仏教の経典を求めて得てから、はじめて文字というものを有した、というのである。

ところで、日本の古事記や日本書紀などでも、文字の創造については語られない。そして、古事記では、文字(漢字)が日本由来のものではなく、外来のものであることが示唆される。(『古事記』三八五頁)。

[応神《おうじん》]天皇は百済国《くだらのくに》に、「もし賢人がいるならば献上せよ」と仰せられた。そして百済国王がこの仰せを受けて献上した人は、名は和迩吉師《わにきし》[日本書記では王仁《わに》]である。論語十巻と千字文《せんじもん》一巻、併せて十一巻を、この人に副《そ》えて献上した。この和迩吉師は文首《ふみのおびと》の祖先である。

第2章　書写と書記

1　書写

神や賢人たちによって文字が創造されたあと、書写された、すなわち、文字が実際に使用され書かれたことについて、神話や聖書のなかではどのように語られているのだろうか。

(1) ギリシア神話

ギリシア神話では、文字についての記述がつぎの箇所にあらわれる。(『ギリシア神話』第三巻XⅣ八)。

テーレウスは……[妻の姉妹]ピロメーラーに恋し、[妻]プロクネーが死んだと称して彼女を犯した。というのは彼女[妻]を田舎に隠していたからである。後ピロメーラーを妻として床をともにし、彼女の舌を切り取った。しかし彼女は長衣《ペプロス》に文字を織り込んで、これによって［姉妹］プロクネーに自分の不幸を告げた。

舌を切り取られたため、話すことができなくなったピロメーラーが、そのかわり、文字を衣類に織り込んで助けをもとめた、というものである。

口頭メディアは、人間の思考を音声として外在化する。そして文字メディアは、その外在化された思考を記録として定着させる。この場合、文字メディアは口頭メディアの延長線上にある。しかしここでは、文字メディアが口頭メディアの代替メディアとして使われているのである。

（2）旧約聖書

旧約聖書では、文字の創造劇は語られず、はじめから書写として語られる。（『旧約聖書』「出エジプト記」一七章一四）。

ときにアマレクがきて、イスラエルとレピデムで戦った。モーセは［従者の］ヨシュアに言った、「われわれのために人を選び、出てアマレクと戦いなさい……」。ヨシュアはモーセが彼に言ったようにし、アマレクと戦った。……ヨシュアは、つるぎにかけてアマレクとその民を打ち敗《やぶ》った。

主はモーセに言われた、「これを書物にしるして記念とし、それをヨシュアの耳に入れなさい。わたしは天《あま》が下からアマレクの記憶を完全に消し去るであろう」。

このように、聖書では、書写について、シュメルの英雄叙事詩やアイスキュロスの戯曲と同様、記憶と結びつけられてはじめて語られる。そしてここでの書写は、記念として書かれ、それを書物として後世に伝えるという「通時的」役割をになうものとして描かれる。さらに旧約聖書では、この通時的な書写が、「出エジプト記」のモーセと神との「十戒」をめぐる対話のなかで、重要な役割をおびて登場する。

ときに主はモーセに言われた、「山に登り、わたしの所にきて、そこにいなさい。彼らを教えるために、わたしが律法と戒めとを書きしるした石の板をあなたに授けるであろう」。そこでモーセは従者ヨシュアと共に立ち上がり、……神の山に登った。

（二四章一二〜一三）。「主はシナイ山でモーセに語り終えられたとき、あかしの板二枚、すなわち神が指をもって書かれた石の板をモーセに授けられた。（三一章一八）。

モーセは身を転じて山を下った。彼の手には、かの二枚のあかしの板があった。板はその両面に文字があった。すなわち、この面にも、かの面にも文字があった。その板は神の作、文字は神の文字であって、板に彫ったものである。……モーセが宿営に近づくと、「鋳物で作った偶像の」子牛と踊りとを見たので、彼は「民のこの悪行にたいして」怒りに燃え、手からかの板を投げうち、これを山のふもとで砕いた。（三二章一五〜一六・一九）。

主はモーセに言われた、「あなたは前のような石の板二枚を、切って造りなさい。わたしはあなたが砕いた初めの板にあった言葉を、その板に書くであろう。……」。そこでモーセは前のような石の板二枚を、切って造り、朝早く起きて、主が命じられたようにシナイ山に登った。……主はモーセに言われた、「これらの言葉を書きしるしなさい。わたしはこれらの言葉に基いて、あなたおよびイスラエルと契約を結んだからである」。……そして彼は契約の言葉、十誡を板の上に書いた。（三四章一・四・二七・二八）。

十戒をめぐるこの話のなかには、書写について、多くの重要な論点がふくまれる。

まず、十戒は、はじめは神が直接書写したものであった（三一章一八）。しかし、モーセがこれを砕いたあと、神はふたたびおなじことを石の板に書き記すといっておきながら（三四章一）、実際にそれを書写したのはモーセだった（三四章二八）。このように、この箇所では矛盾した記述がみられるが、それはともかく、このときはじめは神自身の手によって文字が直接書写されたのである（三二章一六）。

つぎに、はじめに十戒を書写したのは神の「指」だとされているが（三一章一八）、神のその指が直接石の板に書写したのではなく、神が指でなにかをにぎって彫ったのである。（三二章一六）。

（3）新約聖書

新約聖書の「ルカによる福音書」には、洗礼者ヨハネの誕生にまつわる話のなかで、書写についての記述がでてくる。（『新約聖書』「ルカによる福音書」一章一三・五七・五九～六四）。

御使《みつかい》が彼に言った、「恐れるな、ザカリヤよ、あなたの祈が聞きいれられたのだ。あなたの妻エリザベツは男の子を産むであろう。その子をヨハネと名づけなさい。……」。

さてエリザベツは月が満ちて、男の子を産んだ。……八日目になったので、幼な子に割礼をするために人々がきて、父の名にちなんでザカリヤという名にしようとした。ところが母親は、「いいえ、ヨハネという名にしなくてはいけません」と言った。人々は「あなたの親族の中には、そういう名のついた者は、ひとりもいません」と彼女に言った。そして父親に、どんな名にしたいのですか、と合図で尋ねた。ザカリヤは書板《かきいた》を持ってこさせて、それに「その名はヨハネ」と書いたので、みんなの者は不思議に思った。すると、立ちどころにザカリヤの口が開けて舌がゆるみ、語りだして神をほめたたえた。

平凡な祭司ザカリヤは、書板に「その名はヨハネ」と書いたとたん、聖霊にみたされ、饒舌になって神をたたえたのである。

なお、新約聖書によれば、イエス自身は、当然、文字を読み書きすることができた、とされている。(『新約聖書』「ルカによる福音書」四章一六、「ヨハネによる福音書」八章六)。

(4) 古事記

日本の古事記に書写の話はでてこない。古事記には全部で百十一首の歌がのっているが、これらの歌は、基本的に、口頭によって歌われたものであって、文字によって書かれたものではない。たとえば、雄略天皇(在位5世紀後半)が皇妃となる若日下部王《わかくさかべのみこ》のもとにいって求婚したあとのこと。(『古事記』二一四・四三一頁)。

《宮に還り上《のぼ》り坐《ま》す時に、其の山の坂の上に行き立たして、歌い曰《の》りたまはく、

……(歌略)……

此の歌を持たしめて、返し使はしき。》

天皇は宮廷に帰り上られる時に、日下の山の坂の上に行き、お立ちになって、歌って仰せになられる、

……(歌略)……

天皇はこの歌を使いに持たせて、若日下部王の許に引き返させてお贈りになった。

ここで雄略天皇が「歌を使いに持たせて」とあり、いかにも使いが書かれた歌をもっていったようにおもわれるが、そうではなく、「若日下部王が天皇の許に遣わした使者に、口頭で若日下部王へ返し遣わした」（『古事記』二一四頁注、傍点引用者）のである。

日本で歌が文字として書かれる契機になったのは天智天皇（在位六六八年～六七一年）の頃である。すなわち、「歌の文字化への契機は天智朝における漢詩文の模倣制作にあったと考えられる。漢字の詩が漢字によるやまと歌を誕生させた」（稲岡耕二「声と文字序説」『声と文字』塙書房、一九九九年、一九頁）のである。そして、歌（詩賦）が実際に文字で書かれるようになったのは、そのあとの天武天皇（＝大津皇子）（在位六七三年～六八六年）のときであるという。（『日本書紀③』〔新編日本古典文学全集四〕小島憲之ほか＝訳注、小学館、一九九八年、「持統天皇」四七七頁）。

［大津皇子は］成人されてからは、分別があって学才に秀で、ことに文筆を好まれた。詩賦の興隆は、この大津に始ったのである〔詩賦之興自大津始也〕。

2　書記

（1）シュメル神話

「古代オリエント世界では文字の読み書きができるか否かは帝王の必要条件というわけではなく、文字の読み書きは書記（役人）の仕事であった。」（『シュメル—人類最古の文明』二〇三頁）。しかし、「メソポタミアでは書記はただの事務官」であり、「［エジプトの］ナイル川流域の書記ほど尊敬されていなかった。」（『文字の歴史』五八・六六頁）。

ここで引用した記述のなかで、メソポタミアの書記 dub-sar がそれほど尊敬されていなかった、という点は、一面では正しいが、補足を要する。というのも、メソポタミアにおける書記の社会的地位は一貫して高くなかったということではなく、時代によって異なっていたからである。

前三〇〇〇年紀のシュメルでは「王宮や神殿など公的な組織において日常の経済活動などを記録する場面に書記は活躍した。」（「シュメール人の思考の一断面」五頁）。そこで、前三〇〇〇年紀末のウル第三王朝の第二代シュルギ王がみずからの偉大さを讃えた前記

『シュルギ王讃歌（B）』の一節をみてみよう。（「シュメール人の思考の一断面」四頁）。

我れ若きときより書記学校にありて、シュメールとアッカドの粘土板にて書記術を識れり。我と同等に記せる者は、若き（同輩）に存せず。書記術のその智恵の深き場所に我は人を導けり。支出、在庫、決算の算術法をあまねく習得し了わりぬ。

この讃歌でみるとおり、シュルギ王は、帝王の必要条件ではない書記術が（それも二カ国語で）できたことを自慢げに語っているのだが、ここで注目すべきは、「シュルギが誇る書記術とは、具体的には、会計簿上の諸々の計算法であり、そこには［書記術について］神秘的な要素は全く含まれていない」（「シュメール人の思考の一断面」四頁）ということである。

事実、「これまで［シュメルをふくめた］メソポタミアでは十五万点の楔形文字の碑文が発掘されているが、その七十五％以上は会計と行政の記録で、最古のものは主に物資、人、支払いなどの目録だった」（『文字の歴史』七三〜七四頁）といわれるとおり、シュメルの書記が書写したものは、なんら神秘的なものではなく、公的組織のための経済記録など、きわめて世俗的・実用的なものだったのである。

ついで前二〇〇〇年紀になると、「私的経済が活発化して私家文書と呼ばれる公的組織以外の経済文書が多数出土するようになる。日常業務としての会計簿や契約文書の作成、手紙などの筆記など前代と同様の役割を果たす文字記録者（書記）は、公的組織のみでなく私人の家においても重要性を増したのであって、彼らは社会の広範囲に広がったと考えることが出来る」。（「シュメール人の思考の一断面」五頁）。

そして前二〇〇〇年紀後半になると、「実際的な活動をする書記が社会に広範囲に存在する一方で、……とりわけカッシート王朝時代から、神話などの文学作品の集成、祭りの儀式次第の文字化、占い文書等々の集大成が急速に進み、それに果たす書記の役割が重視されるようになったと思われる。その結果、文字によって伝承される太古からの神聖な知識を保持する者としての書記が日常的に活躍する書記から分離して、一つの特権的地位を獲得していった」。（「シュメール人の思考の一断面」五頁）。こうして、前二〇〇〇年紀後半、書記は、世俗的な書記と聖的な書記とに二極化されていったのである。

さらに、前一〇〇〇年紀になると「［聖的な］書記たちは、自らの職に付随する知恵と技とは、原初の賢人から伝承された尊いものであるとして、書記術の神秘性をも強調」

（「シュメール人の思考の一断面」五頁）するようになる。

このように書記の二極化にともなってあらわれた聖的な書記たちは、書記術の神秘性をしめし、それを「秘儀」として独占するため、あらたに書記の始祖を賢人にもとめ、また書記の守護神などを創りだしたのであって、たとえば、太古の賢人アプカル（シュメル語でアブガル）、ニンリル女神の母ニサバ女神、バビロニアの最高神マルドゥクの子ナブ神などがそれである。

すなわち、比較的新しい時代にバビロン郊外ボルシッパ市のエジダ神殿に書記術の守護神として祀られたナブ神のほか、古くは書記との関係性がなく、初期王朝時代ラガシュの経済文書では「祭りに関する神官の一種」（「シュメール人の思考の一断面」六頁）にすぎなかった賢人アプカルと、ウルク文化期（前三五〇〇年～三一〇〇年頃）には穀物の女神であり、かつ前三〇〇〇年紀にはウルク王ルガルザゲシの個人神でもあったニサバ女神とが、あらたに書記の始祖や守護神として指名されたのである。

このように、シュメルの書記の社会的地位は、はじめはそれほど高くなかったが、時代がくだるにつれて高くなり、それにしたがって書記の守護神などが創りだされたのである。

このような書記の社会的地位と書記術観の変遷は、シュメル人にかぎらず、一般的に、人びとの神観念の変遷に対応していた。すなわち、経済生活がいちじるしく自然に緊縛されていた時代に特有のアニミズム的精霊信仰や動物信仰などの素朴な汎神論から脱したあと、人間をとりまく自然を分割し、天空神や太陽神などを頂点としながら、それ以外の神々には分割した自然を割りあて、ある神は大地を、またある神は水を受けもつというような、多神論的自然神たちの分業体系が創りだされる。そうして、こんどは、人間の側の社会的分業がよりいっそう進展するのにともなって、神々の側でも分業がすすみ、まず最初は原始的諸産業の守護神である農耕神や牧畜神などが、ついで、より専業化した職種の守護神である職能神が創りだされ、そこに、書記術を受けもつ神があらわれる、というわけである。そのさい、書記の守護神などに専業化した神として、あたらしい神々が創りだされるのではなく、神々の数を節約するため、概して、昔からいた自然神にあたらしい仕事を兼務させることが多かった。

ところで、現世におけるシュメルの書記たちの出自はというと、「エジプトやバビロニアでは、もっぱら祭司層が書記を国家に供給していた」のであって、その書記たちの教育を受けもつものもまた、祭司層にほかならなかった。というのも、ふるい呪術者から青年を引きはなすため、「祭司たちにとっては、青年教育を独占することが中心的な権力問題となった」からであり、こうして「祭司の権力は、国家行政の合理化の進行にともなって強化されていった」のである。（『宗教社会学論選』一四九頁）。
なお、シュメルやアッカドのバビロニア神話のなかにあらわれる書記の記述としてはギルガメッシュ叙事詩があり、そこでは、死後の世界である冥界を支配する女王エレシュキガルに専属の書記ベーリット・セーリがいた、とされている。（『ギルガメシュ叙事詩』九五〜九六頁）。

私が入った『埃の家』には……
冥界の女王エレシュキガルが住〔み〕
冥界の記録係〔ベーリット〕・セーリは彼女の前にひざまずく

（2）エジプト神話
エジプト神話では、文字の創造者であるトト神がしばしば書記役として登場する。そのひとつの例が、前掲「使者としての鳥」の項でみた、「戴冠式のとき、……聖木イシェドの葉に王の〈偉大な名〉を記入」するトト神の姿であった。また、紀元前一〇〇〇年前後に書かれた『神話パピルス』のひとつ、「タ・ウジャ・ラーのパピルス」の第二場面では手にパピルスの巻物とペンをもち、「ジェド・ホンス・イウフ・アンフの第一のパピルス」の第六場面では手に書板とペンをもった、書記役トト神の姿がえがかれている。（矢島文夫『エジプトの神話』ちくま文庫、一九九七年、一四五・一九二頁）。こうしたことから、エジプトでは、トト神が書記の始祖であり守護神でもある、とされてきたのである。

ところで、エジプト社会では書記が重要な役割をはたし、それゆえまた、その社会的地位も高かった。エジプトでは、書記の職務が、崇高な精神的労働として考えられ、さまざまな物質的労働（＝肉体労働）とは極端な対比をなすものであった。そのため、エジプトの子供たちは、学校で、「書記になれ」という教訓をくりかえし学ばされた。（加藤一朗「ナイルと太陽の国」『世界の歴史（1）』中公文庫、一九七四年、四一一頁）。

書き方を身につけ、自らをいかなる種類の重労働からも守り、信望に満てる高い職を得るがよい。書記は筋肉を用いる労役から解放されよう。
労役とすべての仕事から解放されている書記になれ。かれは鋤《すき》を用いることなく、バスケットをさげることもない。かれはオールをこぐ必要もなく、苦悩とは無縁である。かれには多くの主人もなく、多くの先輩もない。

なお、エジプトの神話のなかでは、書記が、「サトニ・ハームスの怪奇な物語」に登場する。そのなかでは、メルネブフタハ王の王子ネフェルカプタハが書記だった、ということになっている。(『エジプトの神話』一二五頁)。

りっぱな書記であり学者であったネフェルカプタハは、一巻の新しいパピルスを持ってこさせました。彼はこれに書物のことばをすっかり書きとり、これに香料をまぶし、水に溶かしました。すっかり溶けたとき、彼はこれを飲みほし、書物に書かれていることをすっかり知ったのでございます。

(3) インド神話

古代インドにも書記はいた。(『文字の歴史』一三八頁)。マルクスは言う。「すでに太古のインドの共同体でも農業にかんする記帳係が現れている。ここでは、記帳係は自立化されて、共同体の役人の専属機能となっている。」(カール・マルクス『資本論(第二巻第二分冊)』

資本論翻訳委員会訳、新日本出版社、一九八四年、二一〇頁)。しかし、その書記はけっしてインド神話の表舞台にたつことはなかった。というのも、「インドの司祭階級バラモンは、長いあいだ、書くことは話すことより劣っていると考え……、他のほとんどの地域と異なり、インドでは一般に文字を書くことに名誉や名声は集まらなかった」(『文字の歴史』一三五頁)からである。そのため、「[バラモン教の]ヴェーダ聖典は現在にいたるまで主として暗誦により伝えられ」(上村勝彦『インド神話』ちくま学芸文庫、二〇〇三年、一六頁)、いちいち書記の手をわずらわせる必要性がなかったのである。

ところで、もともとヴェーダはシュルティ(天啓聖典)と呼ばれ、「それは誰かに作られたものであるとは考えられず、永遠の過去から存在しているとされ……詩的霊感(ディー)をそなえた聖仙《リシ》(=詩人《カヴィ》)たちが超越的な状態のうちに、いわば啓示を受けて表現化したものである。詩人たちは特権的瞬間を経験し、その境において神秘力に満ちた言葉を次々と唱える」(『インド神話』一五頁、傍点原著者)のである。

大衆から隔離されることによってみずからの存在理由をしめさなければならないバラモンのような「達人的宗教意識における救済財や救いに到達するための手段が瞑想的ないしオルギア的・エクスタシス的な性格のものであるばあいには、達人的宗教意識から現世内部［世俗生活］における実際的な日常行為へと橋渡しするようなものはなんら存在しなかった」のであり、「こうしたばあいには、現世における一切の行為と同様、経済は宗教的に価値の低いものとされたばかりではない。……むしろ、その内的な本質において、瞑想的宗教意識やエクスタシス的宗教意識は、特殊的に経済に対して敵対的となるような性質のものだったのである。」（『宗教社会学論選』七三〜七四頁）。

書記が書写の対象とするものは日常的な経済行為であり、書記によって書写されるものは会計などの経済的記録であった。したがって、「瞑想的ないしオルギア的・エクスタシス的」な意識をもったインドのバラモンにとって（したがってインドの神話にとって）、このような書記の行為と存在は、まったくとるに足りないものだったのである。

（4）旧約聖書

旧約聖書のなかで最初に書記が登場するのは、紀元前一〇世紀のダビデとソロモンにまつわる話においてである。すなわち、まず、ダビデが全イスラエルを支配したとき、セラヤを書記官に任命し（「サムエル記下」八章一七）、つぎに、ダビデの子ソロモンがおなじく全イスラエルを支配したとき、エリホレフとアヒヤを書記官に任命した、というものであある。（「列王記」四章三）。これらのことは、当時、王には直属の書記がいた、ということをしめしている。

それでは、このような書記たちはどこから来たのか、ということについて、旧約聖書ではつぎのように書かれている。（『旧約聖書』「歴代志上」二章五五）。

ヤベヅに住んでいた書記の氏族はエラテびと、シメアテびと、スカテびとである。

このきわめて短い文面から読みとれるのは、書記という職業に就いていたのが、ある特定の部族に属する人たちだった、ということである。そしてこのことは、歴史的には、つぎのようなことを意味している。すなわち、「そもそも発達したアジア的生産様式のもとでは、大小の支配『部族』をとりまいて、その支配下にさまざまの『職業部族』がいわゆる『寄寓部族』Gaststämme の形で編制されていた」（大塚久雄「共同体内分業の存在形態とその展開の諸様相」一五八頁）のであり、したがって、そのような職業部族のひとつに書記という職業を受けもつ部族があり、その部族は、同時に他の支配部族の寄寓部族であった、ということである。つぎのマックス・ウェーバーの言葉、すなわち、「手工業者たちが……捕囚［前五九七年］前のイスラエルでもみられたように、寄寓部族（Gaststämme）という形に組織されていた」（マックス・ウェーバー『都市の類型学』世良晃志郎訳、創文社、一九六四年、一九〇頁）という文章のなかの「手工業者」を「書記」に置きかえさえすれば、こうしたことが、まさに旧約聖書の記述に当てはまるのである。

ところで、ここまでの旧約聖書の話では、書記の姿がまだ漠然としたものにしかすぎなかったが、ソロモンの死によってイスラエル王国が東西に分裂したあとの話になると、書記がにわかに具体的な姿を帯びてあらわれてくる。

たとえば、南のユダ王国のヨアシ王（推定在位前八三五年～七九六年）が、人びとから神殿の修理費を調達したときの話を見てみよう。（『旧約聖書』「列王記」一二章一〇）。

祭司たちは主の宮にはいってくる銀をことごとくその［箱の］中に入れた。こうしてその箱の中に銀が多くなったのを見ると、王の書記官と大祭司が上ってきて、主の宮にある銀を数えて袋に詰めた。

ここに描かれた書記は、その場合の職務が、書写をするというより、調達された銀の数を帳簿に記入するという、経済実務的なものだった、ということを物語っている。

さらに、バビロン捕囚前夜ともいうべきユダ王国で、預言者エレミヤのおこなった預言をめぐる騒動の渦中に、書記が中心人物として登場する。（『旧約聖書』「エレミヤ書」三六章一〜一八）。


ユダの王ヨシヤの子エホヤキムの四年［紀元前六〇五年］に主からこの言葉がエレミヤに臨んだ。「あなたは巻物を取り、わたしがあなたに語った日、すなわちヨシヤの日から今日に至るまで、イスラエルとユダと万国とに関してあなたに語ったすべての言葉を、それにしるしなさい。……」。

そこでエレミヤはネリヤの子［書記］バルクを呼んだ。バルクはエレミヤの口述にしたがって、主が彼にお告げになった言葉をことごとく巻物に書きしるした。……

ユダの王ヨシヤの子エホヤキムの五年九月、……バルクは主の宮の上の庭で、主の庭の新しい門の入口のかたわらにある書記シャパンの子であるゲマリヤのへやで、巻物に書かれたエレミヤの言葉をすべての民に読み聞かせた。

シャパンの子であるゲマリヤの子ミカヤはその巻物にある主の言葉をことごとく

聞いて、王の家にある書記［エリシャマ］のへやに下って行くと、もろもろのつかさたち、すなわち書記エリシャマ、シマヤの子デラヤ、アカボルの子エルナタン、シャパンの子ゲマリヤ、ハナニヤの子ゼデキヤおよびすべてのつかさたちがそこに座していた。

ミカヤはバルクが民に巻物を読んで聞かせたとき、自分の聞いたすべての言葉を彼らに告げたので、つかさたちは……ネタニヤの子エホデをバルクのもとにつかわして言わせた、「あなたが民に読み聞かせたその巻物を手に取って、来てください」。そこでネタニヤの子バルクは巻物を手に取って、彼らのもとに来たので、彼らはバルクに言った、「座してそれを読んでください」。バルクはそれを彼らに読みきかせた。

彼らはそのすべての言葉を聞き、恐れて互いに見かわし、バルクに言った、「われわれはこの［王を激怒させるような］すべての言葉を、王に報告しなければならない」。そしてバルクに尋ねて言った、「このすべての言葉を、あなたはどのようにして書いたのか話してください。彼［エレミヤ］の口述によるのですか」。

バルクは彼らに答えた、「彼がわたしにこのすべての言葉を口述したので、わたしはそれを墨汁で巻物に書いたのです」。

この話の中心にいるのは書記のバルクである。バルクが預言者エレミヤから聞き、また書いた預言が本当のことなのかどうかを、王の家来たちが、ミカヤの間接的な伝聞だけではあきたらず、直接書記バルクを呼んで、かなりしつこく、書写した具体的状況にまで踏みこみ訊ねて、確認している。それというのも、王に報告すべきその預言は、まもなくバビロニアがユダ王国を制圧するというもので、エジプトのいわば傀儡《かいらい》（臣従王）でバビロニアには反感をもっていたエホヤキム王を激怒させる内容だったからである。

ところで、話の焦点を書記にあてれば、バルクは預言者エレミヤ専属の書記で、神から告げられた預言をエレミヤが語り、その言葉を書記バルクが「墨汁で巻物に」書写しただけでなく、エレミヤの指示にしたがって（「エレミヤ記」三六章六）、その書写した内容を多数のひとに告知する、ということも行なうのである。また、王専属の書記エリシャマには、王宮にかなりの広さの部屋があてがわれていた、ということも知ることができる。

（5）新約聖書

新約聖書で書記が登場する箇所は一つしかない。それは、使徒パウロが、ギリシア神話の女神アルテミス信仰のさかんな小アジアのエペソで布教していたときのことである。
(『新約聖書』「使徒行伝」一九章二三〜四一)。

そのころ、この道について容易ならぬ騒動が起こった。そのいきさつはこうである。デメテリオという銀細工人が……同類の仕事をしていた者たちを集めて言った、「諸君、……あのパウロが、手で造られたものは神様ではないなどと言って……大勢の人々を説きつけて誤らせた。これではお互いの仕事に悪評が立つおそれがあるばかりか、大女神アルテミスの……ご威光さえも、消えてしまいそうである」。

これを聞くと、人々は怒りに燃え、……町中が大混乱に陥り、人々はパウロの道連れであるマケドニヤ人ガイオとアリスタルコを捕えて、いっせいに劇場へなだれ込んだ。中では集会が混乱に陥ってしまって……大多数の者は、なんのために集まったのかも、わからないでいた。……

ついに、市の書記役が群衆を押し静めて言った、「エペソの諸君、……諸君はこの人たちをここにひっぱってきたが、彼らは宮を荒らす者でも、われわれの女神をそしる者でもない。……だれかに対して訴え事があるなら、裁判の日はあるし、総督もいるのだから、それぞれ訴え出るがよい。しかし、何かもっと要求したい事があれば、それは正式な議会で解決してもらうべきだ。きょうの事件については、この騒ぎを弁護できるような理由が全くないのだから、われわれは治安をみだす罪に問われるおそれがある」。こう言って、彼はこの集会を解散させた。

ここに登場している書記は、これまで旧約聖書にでてきたような国王直属の著名な書記ではなく、市の職員としての無名な書記である。しかし彼は、じつに理路整然とした言語で、この混乱した場をみごと収拾してみせた。このような職務もまた、書記が担うべきことのひとつであり、書記は、りっぱに主役を演じているのである。

第3章　手　紙

1　シュメル

まえに、シュメルでは、エンメルカル王の伝言が使者によって記憶することができないほど大量だったので、その伝言を記録するために文字が創造されたと考えられていた、という話をしたが、その話の続きはつぎのように展開する。（『シュメル神話の世界』一九三頁）。

使者は突進し、五つ山越え、六つ山越え、七つの山を越えた。アラッタに到着すると、使者は我が主の指令を伝達して、エンメルカル王から託された粘土板文書をアラッタの君主に手渡した。アラッタの君主はそれをしげしげと眺めたが、そこに記された楔形の金釘《かなくぎ》模様には、ただ呆然とするばかりであった。

文字は、相手がそれを理解できなければ、なんの役にもたたないのだが、それはともかく、シュメルでは、文字が手紙（粘土板文書）を書く必要から創造され、したがって、文字と手紙の創造とが一体不可分のものだ、と考えられていたことになる。

ところで、現在、史実として知られるメソポタミア最古の手紙は、紀元前二三〇〇年代前半、ラガシュ市グァッバ地区守護神ニンマルキのサンガ職（神殿の最高行政官）ルエンナから、ラガシュ市都市神ニンギルスのサンガ職エンエンタルジ（のちラガシュ王）にあてて、ラガシュ市に侵入してきたエラム軍をルエンナが撃破したことを伝えた手紙である。（『シュメル――人類最古の文明』一八九頁）。

ニンマルキ女神のサンガ職、ルエンナが語る（ことを）、

ニンギルス神のサンガ職、エンエンタルジにいえ。

六〇〇人のエラム人がラガシュ市から財物をエラムへ持ち去った。〔ニンマルキ女神の〕サン〔ガ〕職ルエンナは〔エラム人と〕戦争をした。エラムで撃滅した。

五四〇人のエラム人を〔捕虜にした／殺害した〕。

さて、シュメルでは、手紙を書く形式がある程度きまっていたようで、ウル第三王朝時代（前二一一二年～二〇〇四年頃）に、シュメルの学校（書記養成所）でその形式を練習する教材が、『猿の手紙』というタイトルで残っている。

この教材の手紙では、エリドゥ市の楽師長の家で飼われている猿のウクビが、ウル市で飼われている母猿に、自分の不幸な境遇を嘆き、おいしい食べ物や飲み物を送ってくれ、とねだっている。（『シュメル――人類最古の文明』二一八頁）。


旅人よ、旅人よ、我が母にいって下さい。

ウクビが語ることを話して下さい。

ウル市はナンナ神［ウルの都市神］の都市の栄えであります。エンキ神［エリドゥの都市神］の都市（の）豊かさ、エリドゥ市で私は楽師長の家のなかに閉じ込められています。私は「イギツラム」［という餌］だけで養われています。どうか新鮮なパンやビールへの渇望から私を死なせないで下さい。特使にそれらを私の元に持たせてやって下さい。

至急です。

2　エジプト

エジプト神話のなかで、もっとも有名な話のひとつが、王たる地位をしめていたオシリス神の死後の後継をめぐる、セト（オシリスの弟）とホルス（オシリスの子）との兄弟神［古代エジプトでは叔父を「兄」、甥を「弟」と呼んだ］のあらそいである。この話は、ギリシアのプルタルコスの『イシスとオシリスについて』という作品でよく知られたものだが、エジプト神話『ホルスとセトとのあらそい』の主題ともなり、そのなかでは、上級神と下級神とのあいだで交わされる手紙が重要な役割を演じている。（『エジプトの神話』六八～六九頁）。

大神バ・ネブ・デデトがこの件［兄弟神のあらそい］で答えて申されるには、「われらはことがらをしっかりわきまえないで決定を下すわけにはいかぬ。神々の母ネイトに手紙を書き、彼女が申されたことにわれらは従うであろう。」……

そこで九柱の神々はアトゥム大神のまえでトトに手紙を書くように言うには（なぜ

ならば、トトは文字の神だからです。）

「アトゥム神の名によって、神母ネイトに手紙を書いてください。」

トトが言うには、

「もちろん、よろこんで。」

そしてトト神は座り、次のような手紙をネイトに書きました。

「上下エジプトの王、ラー・アトゥムから神母ネイトへ、次のような理由で手紙を差し上げる。……ふたりの対立する若者は、すでに八〇年間もあらそい、判決を待っておりますが、どうすればよいのかわからないのです。それゆえ、わたしたちがどのようにすればよいのかお知らせくださるように。」

すると神母ネイトは九柱の神々にあてて返事をよこして申されるには、

「オシリスの役目は息子のホルスにわたし、正しくないことを決しておこなわないように。……ホルスこそ彼の父オシリスの役割を引き継ぐ者じゃ。」

神母ネイトの返事の手紙が九柱の神々のもとに届きますと、トト神がみなのまえでこれを読み上げました。……」

しかし、その後もこの兄弟神のあらそいはおさまらない。(『エジプトの神話』八五〜八六頁)。

「トト神は〈宇宙の主〉に向かって言うには、
「[死んで]地下にいるオシリス神に手紙を送り、ふたりの若者の審判をさせたらいかがでしょうか。」……

そこで〈宇宙の主〉がトト神に向かって言うには、
「座ってオシリス神に手紙を書き、彼の意見を聞くようにせよ。」

トト神は座ってオシリス神に向けての手紙を書き始めました。それには、ホルスとセトの件についてどうしたらよいかを教えていただきたいという内容が記されました。

この手紙は何日もかかって、ラーの息子オシリスのもとに届けられました。オシリスのまえでこの手紙が読み上げられると、オシリスは大きな声をあげ、さっそく返事の手紙が書かれました。そこでは、オシリスの息子ホルスに敵対する者に警告が発せられ、ホルスこそ正当な権利をもつ者であると記されていました。

オシリスの返事が何日もかかってプレー・ハラフティ神のもとに届けられ、九柱の神々のまえで読み上げられました。

こうしてようやく、オシリスの後継者は息子のホルスときまったのである。

なお、史実としてエジプトに残された手紙のなかで、興味深い内容のものが、古王国（前二七〇〇年頃～二二〇〇年頃）最後の第六王朝の王ペピ二世ネファカラの手紙である。手紙は、六歳で即位した王がまだ治世三年目という幼いころ、その王からアスワンの長エルクフにあてたものだが、手紙自体が現存するわけではなく、アスワンにあるエルクフの墳墓の扉に刻まれたものから、その内容を知ることができる。それは、エルクフが南方から小人を得て、これを王に献上したいという報告に、幼王が、まるで「新しい玩具をほしがる」ように、小人の献上をせかせたものである。（井口大介『コミュニケーション発達史研究』慶應通信、一九六八年、三五頁）。

直ちに河を下り、小人を連れて参内せよ。小人が水に投じないように、特別の監視をつけよ。夜の天幕に害を加えるものが近づかないよう、十度奴隷をして注意せしめよ。朕はシナイやプントの贈物よりも、小人を見たく思う。もし汝が小人を生きたまま元気な姿で連れて来るならば、アッサがパウルタットにあたえた以上の褒美をあたえよう。

3　旧約聖書

前五八六年にユダ王国が新バビロニアによって滅ぼされ、多くのユダヤ人がバビロニアに連れていかれた（バビロン捕囚）。しかし、前五三八年にペルシア帝国がバビロニアを制圧し、キロス王の民族融和政策によって、ユダヤ人たちはエルサレムに帰還した。その後、彼らは、さまざまな妨害にあいながら、エルサレムで、神殿とそれを取りまく城壁を建設したが、その建設をめぐる攻防が、「エズラ記」、「ネヘミヤ記」、「エステル記」に書かれている。そしてそのなかには、手紙やそれに類するコミュニケーション手段（メディア）についての記述も多くあらわれる。

（1）エズラ記1――神殿の建設開始・妨害・完成

エズラ記には、まず、帰還したユダヤ人たちが神殿の建設を開始してから、さまざまな妨害にあいながら、これを完成させるまでが描かれる。

Ａ　ペルシャ王クロス［＝キロス］の元年［前五三八年］に……王は全国に布告を発し、また詔書をもって告げて言った、「……主は地上の国々をことごとくわたしに下さって、主の宮をユダヤにあるエルサレムに建てることをわたしに命じられた。あなたがたのうち、その民である者は皆その神の助けを得て、ユダにあるエルサレムに上って行き、イスラエルの神、主の宮を復興せよ。……」。（一章一～四）。

こうして、エルサレムに帰還したユダヤ人たちは、前五三六年に神殿の建設を開始するが（三章八）、その工事は、反対者たちの妨害によって中断させられた。

しかし、それにもかかわらず、ユダヤ人たちは神殿の建設を再開するが、またもやその工事を妨害する者があらわれて、彼ら妨害者は、クロス王の娘婿であるペルシア王ダリヨス［＝ダリウス・在位前五二二年～四八六年］に奏上する手紙を書いた。

Ｂ　［妨害者たちが］ダリヨス王に送った手紙の写しは次のとおりである。……「……

われわれが……かの大いなる神の宮へ行って見たところ……工事は……大いにはかどっています。そこでわれわれはその長老たちに尋ねてこう言いました、『だれがあなたがたにこの宮を建て、この城壁を築きあげることを命じたのか』と。……すると、彼らはわれわれに答えてこう言いました、『……バビロンの王クロスの元年に、クロス王は神のこの宮を再び建てることの命令を下されました。……』と。それで今、もし王がよしと見られるならば、バビロンにある王の宝庫を調べて、エルサレムの神のこの宮を建てることの命令が、はたしてクロス王から出ているかどうかを確かめ、この事についての王のお考えをわれわれに伝えてください」。（五章八～一七）。

C　そこでダリヨス王は命を下して……古文書をおさめてある書庫を調べさせたところ、メデヤ州の都エクバタナで、一つの巻物を見いだした。そのうちにこうしるされてある。「記録。クロス王の元年にクロス王は命を下した、『エルサレムにある神の宮については、犠牲をささげ、燔祭《はんさい》を供える所の宮を建て……よ。……その費用は王の家から与えられる。……』」。（六章一～四）。

こうして、神殿建設を命じるクロス王の記録が確認され、妨害者の異議申し立ては却下されたので、前五二〇年に神殿の工事が再開され（四章二四）、前五一六年になって完成した（六章一五）。

さて、それでは、エズラ記1のこれらの記述のなかで、手紙やそれに類するコミュニケーション手段の姿がどのように描かれているかを見てみよう。

i　駅逓制度

まずAで、「ペルシャ王クロス……は全国に布告を発し、また詔書をもって告げて言った」と書かれている。したがってこの記述は、当時、布告の書かれたこの詔書を全国に送達する使者が存在していたことを物語り、その背後には、なんらかの駅逓制度のあったことをうかがわせる。事実、ギリシアのクセノポンは著書『キュロスの教育』で、クロス（＝キロス／キュロス）が、使者による駅逓制度の創始者であることを語っている。（クセノポン『キュロスの教育』〔西洋古典叢書〕松本仁助訳、京都大学学術出版会、二〇〇四年、三九二〜三九三頁）。

彼［キロス］が……王国の巨大さに即して、いかに遠く離れた土地であっても、その土地の状況をいち早く知る工夫をしていたのをわれわれは知っていた。彼は馬が一日に持続しうるだけ疾走して進める道程を調べ、駅停をそれだけの距離を置いて設置し、それらの駅停に馬と馬の世話をする者たちを配備し、さらに各駅停に有能な役人を置き、その者に運ばれた手紙を受け取って先へ引き渡し、疲れた馬と乗り手たちを引き取って別の元気な馬と乗り手たちを送り出す役目を与えた。時には夜もこのようにして手紙を運ぶのをやめず、昼の使者から夜の使者が受け継ぐこともある、と言われる。このようにすることで、この手紙の運送は鶴よりも速く達成された、と言う人もいる。これが事実を述べていないとしても、人間が陸上を進んでいくには、この方法がもっとも速いのは明白である。とにかく、すべてのことをもっとも速く知って、もっとも速く対処するするのは、すばらしいことである。

また、ヘロドトスも、ペルシアの飛脚（使者）によるこの駅逓制度のすばらしさについて語っている。（『歴史（下）』一九七二年、巻八―九八）。

およそこの世に生をうけたもので、このペルシアの飛脚より早く目的地に達しうるものはない。これはペルシア人独自の考案によるものである。全行程に要する日数と同じ数の馬と人員が各所に配置され、一日の行程に馬一頭、人員一人が割当てられているという。雪も雨も炎暑も暗夜も、この飛脚たちが全速で各自分担の区間を疾走し終わるのを妨げることはできない。最初の走者が走り終えて託された伝達事項を第二の走者に引き継ぐと、第二走者は第三走者へというふうにして、ちょうどギリシアでヘパイストスの祭礼に行なう松明《たいまつ》競争のように、次から次へと中継されて目的地に届くのである。この早馬の飛脚制度のことをペルシア語ではアンガレイオンという。

ちなみに、ここでヘロドトスが用いた「アンガレイオン」angareion の語源である「アンガラ」angara は「強制労働」を意味し、この制度が人民にとっていかに負担であったかを物語っている。

つぎに、Cのダリヨス（＝ダリウス）王の場合、「命を下して古文書をおさめてある書庫を調べさせた」とあるとおり、その記述は、王が駅逓制度を使ってひろく「命を下し」「調べさせた」ことをうかがわせる。じっさい、ダリウスも、キロスとおなじように駅逓制度の整備に力をつくしたことはよく知られているが、それは、「その昔ダライアス［＝ダリウス］自身が先王の駅伝使であった」（『プルターク英雄伝』鶴見祐輔訳、潮出版社、二〇〇〇年、二一一頁）という出自にも起因するのだろう。

ダリウスの整備した駅逓制度については、ヘロドトスのつぎの記述で詳細に説明されている。（『歴史（中）』巻五―五二～五三）。

街道上いたるところに、王室公認の宿場と大層立派な宿泊所があり、街道の通じている全距離にわたって、人家があり安全でもある。……宿場の総数は百十一、つまりサルディスから［ペルシアの］スサの都に上ってゆく間に、これだけの数の宿泊所があったわけである。……このいわゆる『王道』の……サルディスから……『メムノン宮［スサの王宮］』まで……ちょうど九十日かかることになる。

ここでいう「宿泊所」は、もちろんたんなる宿ではなく、クセノポンのいうような、馬と馬丁とを備えた駅逓施設のことである。

なお、旧約聖書のなかには、駅逓制度にはよらないが、分裂王国時代のユダ王国ヒゼキヤ王が、独自の飛脚網によって、布告（手紙）を領域全体に周知していた例が知られる。すなわち、「そこで飛脚たちは、王とそのつかさたちから受けた手紙をもって、イスラエルとユダをあまねく行き巡り、王の命を伝えて言った」という記述がそれである。(「歴代志下」三〇章六)。

ii　手紙の複写・文書庫・書写材料　　Bでは、妨害者たちが「ダリヨス王に送った手紙の写し」とあり、一般に手紙の差出人でも、控えとして保存するために手紙の複写物を保持していたことがわかる。

またCでは、王の詔書のような公文書類は、おそらくその複写物が各地に設置された文書庫に保存されていたこともわかる。

さらに、ここで発見されたクロス王の詔書が「巻物」である、と書かれていることから、それが、粘土板のような硬い材質の書写材料ではなかったことがわかる。詔書が巻物だったのは、ペルシアで使われたアラム文字を「獣皮やパピルスにインクで書くほうが、柔らかい粘土板に楔形文字を刻むことより好まれるようになった」(『文字の歴史』一一三頁)からなのだ。

(2)エズラ記2——城壁の建設開始・妨害

エズラ記のそのあとでは、ユダヤ人たちが、神殿の建設を完成させたあと、それを取りまく城壁の工事を開始したが、それについても、さまざまな妨害にあったことが描かれる。

A　［ダリヨス王の子］アハスエロス［＝クセルクセース・在位前四八五年〜四六五年］の治世……の初めに、彼ら［妨害者］はユダとエルサレムを訴える告訴状を書いた。（四章六）。

B　また、［アハスエロス王の子］アルタシャスタ［＝アルタクセルクセース・在位前四六五年〜四二四年］の世に、ビシラム、ミテレダテ、タビエルおよびその他の同僚も、ペルシャ王アルタシャスタに手紙を書いた。その手紙の文はアラム語で書かれて訳されていた。（四章七）。

C　長官レホムと書記官シムシャイはアルタシャスタ王にエルサレムを訴えて……送った手紙の写しはこれである。「……王よご承知ください。あなたのもとから、わたしたちの所に上って来たユダヤ人らはエルサレムに来て、かのそむいた悪い町を建て直し、その城壁を築きあげ、その基礎をつくろっています。……もしこの町を建て、城壁を築きあげるならば、彼らはみつぎ、関税、税金を納めなくなります。そうすれば王の収入が減るでしょう。……われわれは王の不名誉を見るに忍びないので、人をつかわして王にお聞かせするのです。歴代の記録をお調べください。その記録の書において、この町は……諸王と諸州に害を及ぼした……ことを知られるでしょう。……」。（四章八～一五）。

D　王は返書を送って言った、「……わたしは命令を下して調査させたところ、この町は古来、諸王にそむいた……ことを見いだした。……わたしの命令が下るまで、この町を建てさせてはならない。……」。……アルタシャスタ王の手紙の写しがレホムおよび書記官シムシャイとその同僚の前に読み上げられたので、彼らは急いでエルサレムのユダヤ人のもとにおもむき、腕力と権力とをもって彼らをやめさせた。（四章一七～二三）。

さて、それでは、エズラ記2のこれらの記述のなかで、手紙やそれに類するコミュニケーション手段の姿がどのように描かれているかを見てみよう。

i　アラム語の手紙　　Bで、ユダヤ人の城壁建設を妨害しようとする人びとがアルタシャスタ王に書いた「手紙の文はアラム語で書かれて」いたと述べられている。このアラム語は、シリアにいたアラム人の活発な商業活動によって国際的な「共通語」lingua franca となり、ペルシア帝国の公用語ともなっていたので、妨害者たちはペルシア王に宛てた手紙を、あえてアラム語で書いたのである。しかし、本書でもふれたように（『旧約聖書』「イザヤ書」三六章一〜一三・「列王記下」一八章一三〜二八）、国際的な共通語とはいえ、当時、ヘブライ語を使用していた一般のユダヤ人は、まだアラム語を理解することができなかった。

ii　手紙の複写・送達方法・文書庫・駅逓制度　　Cで、「長官レホムと書記官シムシャイがアルタシャスタ王に……送った手紙の写し」とあり、エズラ記1Bの記述と同様、王以外の差出人が、控えとして保存するために手紙の複写物を保持していたことがわかる。またDでは、「アルタシャスタ王の手紙の写しが……読み上げられた」とあり、手紙の差出人ばかりでなく、受取人も手紙の複写物を作成していたことになる。

またCで、彼らは、訴えの手紙を「人をつかわして」発信したとあり、この手紙の送達は個人的な使者を用いて行なわれたことになる。さらにDで、王が「命令を下して（歴代の記録を）調査させた」とあるのは、エズラ記1Cの、ダリヨス王が「命を下して古文書をおさめてある書庫を調べさせた」とあるのと同様、アルタシャスタ王も各地に設置された文書庫に保存されていた記録（公文書類）を、駅逓制度を使って「調査させた」ことになる。

（3）ネヘミヤ記―城壁の建設再開・妨害・完成

ネヘミヤ記では、ユダヤ人たちが、このような妨害にもめげず、神殿の城壁工事を再開し、それを完成させるまでが描かれる。

A　わたし［ネヘミヤ］が首都スサにいた時、わたしの兄弟のひとりハナニが数人の者とともにユダから来たので、わたしは捕囚を免れて生き残ったユダヤ人の事およびエルサレムの事を尋ねた。彼らはわたしに言った、「かの州で捕囚を免れて生き残った者は大いなる悩みと、はずかしめのうちにあり、エルサレムの城壁はくずされ、その門は火で焼かれたままであります」と。（一章一～三）。

B　この時、わたしは王の給仕役であった。（一章一一）。アルタシャスタの第二十年［前四四六年］……王の前に酒が出た時、私は酒をついで王にささげた。……王はわたしに言われた、「あなたは病気でもないのにどうして悲しげな顔をしているのか。……」。そこでわたしは……王に申しあげた、「……わたしの先祖の墳墓の地であるあの町は荒廃し、その門が火で焼かれたままであるのに、どうしてわたしは悲しげな顔をしないでいられましょうか」。王はわたしにむかって、「それではあなたは何を願うのか」と言われたので、わたしは……王に申しあげた、「……どうかわたしを、ユダにあるわたしの先祖の墳墓の町につかわして、それを再建させてください」。……こうして王がわたしをつかわすことをよしとされたので、……わたしはまた王に申しあげた、「……川向こうの州の知事たちに与える手紙をわたしに賜わり、わたしがユダに行きつくまで、彼らがわたしを通過させるようにしてください。また王の山林を管理するアサフに与える手紙をも賜わり、神殿に属する城の門を建てるため、また町の石がき、およびわたしの家を建てるために用いる材木をわたしに与えるようにしてください」。……王はわたしの願いを許された。（二章一〜八）。

こうしてエルサレムに入ったネヘミヤは城壁工事を再開したが、その工事でもさまざまな妨害がおこなわれた。そして、工事がいよいよ完成に近づいたときのことである。

C 〔妨害者の〕サンバラテとガムシはわたしに使者をつかわして言った、「さあ、わわれわれはオノの平野にある一つの村で会見しよう」と。彼らはわたしに危害を加えようと考えていたのである。それで私は彼らに使者をつかわして言わせた、「わたしは大いなる工事をしているから下って行くことはできない。……」。彼らは四度までこのように私に人をつかわしたが、わたしは同じように彼らに答えた。ところがサンバラテは五度目にそのしもべを前のようにわたしにつかわした。その手には開封の手紙を携えていた。その中に次のようにしるしてあった、「諸国民の間に言い伝えられ……ているが、あなたはユダヤ人と共に反乱を企て、これがために城壁を築いている。またその言うところによれば、あなたは彼らの王になろうとしている。……そのことはこの言葉のとおり「ペルシャ」王に聞えるでしょう。それゆえ、今おいでなさい。われわれは共に相談しましょう」。そこでわたしは人をつかわして言わせた、「あなたの言うようなことはしていません。あなたはそれを自分の心から造り出したのです」と。彼らはみな「彼らの手が弱って工事をやめるようになれば、工事は成就しないだろう」と考えて、われわれをおどそうとしたのである。(六章二―九)。

しかし、このように執拗な妨害工作にもめげず、城壁の工事は前四四五年に完了した。

さて、それでは、ネヘミヤ記のこれらの記述のなかで、手紙やそれに類するコミュニケーション手段の姿がどのように描かれているかを見てみよう。

i　依頼状　手紙の内容が、その手紙を持参する使者自身について書いてある場合には、使者がその内容を知っている場合と、知らない場合とがある。そして、前者の場合の手紙、すなわち使者がその内容を知っている場合の手紙は、一般に、手紙の差出人が、受取人にたいして、その手紙の持参人（使者）のためになんらかの便宜供与を要請する、というような内容になっている。さらに、その要請の実現を、手紙の受取人の自由意志にまかせる場合と、受取人に強制する場合とがあり、前者の場合の手紙は「紹介状」、後者の場合の手紙は「依頼状」などと呼ばれている。

さてそこで、Bでアルタシャスタ王からエルサレムに帰還することが許されたネヘミヤが、帰還にさいして、王に懇願している二通の手紙について見てみると、その手紙の内容はそれを持参するネヘミヤについて書いてあり、ネヘミヤはその内容を知っている。そのうちの一通は「川向うの知事たちに与える手紙」、すなわちネヘミヤの道中の安全を保障することを要請する手紙と、もう一通は「王の山林を管理するアサフに与える手紙」、すなわち城壁工事に要する建築資材などをネヘミヤに利用させることを要請する手紙であり、したがってこの王の手紙とは、手紙の受取人にたいして、その手紙の持参人であるネヘミヤのためにふたつの便宜供与を要請し、その要請の実現を、手紙の受取人に強制する「依頼状」であるにほかならない。

ii　伝言の使者・手紙の使者　つぎにCでは、城壁工事の妨害者がネヘミヤに伝言の使者を送って会見を申し入れ、それにたいしてネヘミヤが彼らに伝言の使者を送ってその申し入れを断る、ということが四回くり返される。そして五回目に妨害者から送られた使者は「伝言の使者」ではなく、開封の手紙を持参する「手紙の使者」へと切りかわる。このように妨害者は、意思疎通をより確実なものとするために、コミュニケーションの手段を、使者による伝言（口頭）という方法から、使者による手紙（文字）という方法へと切りかえたのである。しかし、これにたいしてネヘミヤは、やはり「手紙の使者」ではなく「伝言の使者」によって回答する。

ところで、妨害者が送った手紙が、なぜ封書ではなく、開封だったのか、ということについては、「わざと封をしない書状の内容は、事実無根の中傷であり、その噂をひろめて人心の動揺を計るのが目的であったようである」という見解がだされている。（『コミュニケーション発達史研究』二九頁）。

（４）エステル記

エステル記は、ペルシア王ダリヨスの時代、エルサレムに帰還したユダヤ人たちが神殿工事を完成させた前五一六年頃と、アルタシャスタ王の時代、その献酌官であったネヘミヤがエルサレムに帰還して城壁工事を完成させた前四四五年頃までの間の時代、すなわち、アハシュエロス（アハスエロス）王の時代を背景として、ペルシアからイスラエルに帰還しなかったユダヤ人に向けて書かれている。そこでまず、本書の主題を中心として、このエステル記の概要を見てみよう。

A　アハシュエロス王は……王の宮殿の園の庭で、首都スサ……の民のために七日の間、酒宴を設けた。七日目にアハシュエロス王は酒のために心が楽しくなり、……七人の侍従……に命じて、王妃ワシテに……王の前にこさせよと言った。これは彼女が美しかったので、その美しさを民らと大臣たちに見せるためであった。ところが、王妃ワシテは……来ることを拒んだので、王は大いに憤《いきどお》り、その怒りが彼の内に燃えた。

B　そこで王は時を知っている知者に言った。……「王妃ワシテは……命令を行わないゆえ、法律に従って彼女にどうしたらよかろうか」。メムカンは……言った、「……もし王がよしとされるならば、ワシテはこの後、再びアハシュエロス王の前にきてはならないという王の命令を下し、……王妃の位を彼女にまさる他の者に与えなさい。……」。王と大臣たちはこの言葉をよしとしたので、……王は王の諸州にあまねく書を送り、各州にはその文字にしたがい、各民族にはその言語にしたがって書き送り、……自分の民の言語を用いて語るべきことをさとした。

C　これらのことの後、アハシュエロス王の怒りがとけ、……王に仕える侍従たちは言った、「美しい若い処女たちを王のために尋ね求めましょう。……こうして御意にかなうおとめをとって、ワシテの代りに王妃としてください」。……

D　さて首都スサにひとりのユダヤ人がいた。名をモルデカイといい、……彼はそのおじの娘……エステルを養い育てた。……このおとめは美しく、かわいらしかったが、その父母の死後、……引きとって自分の娘としたのである。王の命令と詔《みことのり》が伝えられ、多くのおとめが首都スサに集められて、……エステルもまた王宮に携え行かれ……た。……エステルは自分の民のことをも、自分の同族のことをも人に知らせなかった。エスエルがアハシュエロス王に召されて王宮へ行ったのは、その治世の第七年［前四八〇年］……であった。……王はすべての婦人にまさってエステルを愛したので、……ワシテに代って王妃とした。……

E　そのころ、モルデカイが王の門にすわっていた時、王の侍従……のふたりが怒りのあまりアハシュエロス王を殺そうとねらっていたが、その事がモルデカイに知れたので、彼はこれを王妃エステルに告げ、エステルはこれをモルデカイの名をもって王に告げた。その事が調べられて、……彼らふたりは木にかけられた。この事は王の前で日誌の書にかきしるされた。

F　これらの……後、アハシュエロス王は……ハマンを重んじ、……すべての大臣たちの上にその席を定めさせた。……しかしモルデカイはひざまずかず、また敬礼しなかった。……ハマンは……怒りに満たされたが、ただモルデカイだけを殺すことを潔《いさぎよ》しとしなかった。……ハマンは……国のうちにいるすべてのユダヤ人……をことごとく滅ぼそうと図った。

G　アハシュエロス王の第十二年［前四八五年］の正月……ハマンはアハシュエロス王に言った、「お国の各州にいる諸民のうちに、散らされて、別れ別れになっている一つの民がいます。……彼らは王の法律を守りません。……もし王がよしとされるならば、彼らを滅ぼせと詔をお書きください。……」。そこで王は手から指輪をはずし、……ハマンにわたした。そして王はハマンに言った、「……その民もあなたに与えるから、よいと思うようにしなさい」。

H　そこで……王の書記官が召し集められ、王の総督、各州の知事、および諸民のつかさたちにハマンが命じたことをことごとく書きしるした。すなわち各州に送るものにはその文字を用い、諸民に送るものにはその言語を用い、おのおのアハシュエロス王の名をもってそれを書き、王の指輪をもってそれに印を押した。そして……すべてのユダヤ人をことごとく滅ぼし、殺し、絶やし、かつその財貨を奪い取れと命じた。この文書の写しを詔として各州に伝え、すべての民に公示して、その日のために備えさせようとした。急使は王の命令により急いで出ていった。……

I　モルデカイはすべてこのなされたことを知ったとき、……町の中へ行って大声をあげ、激しく叫んで、王の門の入口まで行った。……エステルの侍女たち……がきて、この事を告げたので、王妃は非常に悲しみ、……王が自分にはべらせたハタクを召し、モルデカイのもとへ行って、それは何事であるか、何ゆえであるかを尋ねて来るようにと命じた。ハタクは……モルデカイのもとへ行くと、モルデカイは自分の身に起こったすべての事を彼に告げ、……スサで発布された詔書の写しを彼にわたし、それをエステルに見せ、……彼女が王のもとへ行ってその民のために……願い求めるように彼女に言い伝えよと言った。ハタクが帰ってきてモルデカイの言葉をエステルに告げた……。……

J　三日目にエステルは……王の広間にむかって立った。……王は彼女に言った、「王妃エステルよ、……あなたの願いは何か。国の半ばでもあなたに与えよう」。エステルは言った、「もし王がよしとされるならば、きょうわたしが王のために設けた酒宴に、ハマンとご一緒にお臨みください」。……やがて王とハマンはエステルの設けた酒宴に臨んだ。酒宴の時、王はエステルに言った、「……あなたの願いは何か。国の半ばでも聞きとどけられる」。エステルは答えて言った、「……王がもし……わたしの願いを聞きとどけられるのをよしとされるならば、ハマンとご一緒に、あすまた、わたしが設けようとする酒宴に、お臨みください。……」。

K　こうしてハマンはその日、心に喜び楽しんで出てきたが……モルデカイが王の門にいて、自分にむかって立ちあがりも……しないのを見たので、モルデカイに対して怒りに満たされた。……しかしハマンは耐え忍んで家に帰り、人をやってその友だちおよび妻ゼレシを呼んでこさせ、……言った、「……あすもまたわたしは王と共に王妃に招かれている。しかしユダヤ人モルデカイが王の門に座しているのを見る間は、これらの事もわたしには楽しくない」。その時、妻ゼレシとすべての友は彼に言った、「高さ五十キュピトの木を立てさせ、あすの朝、モルデカイをその上に掛けるように王に申し上げなさい。……」。ハマンは……その木を立てさせた。

L　その夜、王は眠ることができなかったので、命じて……記録の書を持ってこさせ、王の前で読ませたが、その中に、モルデカイがかつて王の侍従……のふたりが、アハシュエロス王を殺そうとねらっていることを告げた、としるされているのを見いだした。そこで王は言った、「この事のために、どんな栄誉と爵位をモルデカイに与えたか」。……侍臣たちは言った、「何も彼には与えていません」。……

M　王とハマンは王妃エステルの酒宴に臨んだ。このふつか目の酒宴に王はまたエステルに言った、「……あなたの願いは何か。国の半ばでも聞きとどけられる」。王妃エステルは答えて言った、「……わたしとわたしの民は……殺され絶やされようとしています。……」。アハシュエロス王は王妃エステルに言った、「そんな事をしようと心にたくらんでいる者はだれか。……」。エステルは言った、「……その敵はこの悪いハマンです」。……その時、……侍従ハルボナが「王のためによい事を告げたあのモルデカイのためにハマンが用意した高さ五十キュピトの木がハマンの家に立っています」と言ったので、王は「彼をそれに掛けよ」と言った。そこで人々はハマンをモルデカイのために備えてあったその木に掛けた。……

N　その日……モルデカイは王の前にきた。これはエステルが自分とモルデカイがどんな関係の者であるかを告げたからである。王はハマンから取り返した自分の指輪をはずして、モルデカイに与えた。……

O　エステルは再び王の前に……ひれ伏し……王はエステルに向かって金の笏を伸べたので、エステルは身を起して……言った、「……もしわたしが王の目にかなうならば、……ハマンが王の諸州にいるユダヤ人を滅ぼそうとはかって書き送った書を取り消す旨を書かせてください。……」。アハシュエロス王は王妃エステルとユダヤ人モルデカイに言った、「……あなたがたは自分たちの思うままに王の名をもってユダヤ人についての書をつくり、王の指輪をもってそれに印を押すがよい。王の名をもって書き、王の指輪をもって印を押した書はだれも取り消すことができない」。

P　その時王の書記官が召し集められた。……そしてインドからエチオピヤまでの百二十七州にいる総督、諸州の知事および大臣たちに、モルデカイがユダヤ人についての命じたとおりに書き送った。すなわち各州にはその文字を用い、各民族にはその言語を用いて書き送り、ユダヤ人に送るものはその文字と言語とを用いた。その書はアハシュエロス王の名をもって書かれ、王の指輪をもって印を押し、王の御用馬として、そのうまやに育った早馬に乗る急使によって送られた。その中で、王はすべての町にいるユダヤ人に……自分たちを襲おうとする諸国、諸州のすべての武装した民を、その妻子もろともに滅ぼし、殺し、絶やし、かつその財貨を奪い取ることを許した。……この書いた物の写しを詔として各州に伝え、すべての民に公示し……た。……

Q　いずれの州でも、いずれの町でも、すべて王の命令と詔の伝達された所では、ユダヤ人は喜び楽しみ、酒宴を開い……た。……モルデカイは王の家で大いなる者となり、その名声は各州に聞えわたった。……そこでユダヤ人はつるぎをもってすべての敵を撃って殺し、滅ぼし、自分たちを憎む者に対して心のままに行なった。

さて、それでは、エステル記のこれらの記述のなかで、手紙やそれに類するコミュニケーション手段の姿がどのように描かれているかを見てみよう。

i　駅逓制度　キロス王が創設し、ダリウス王が整備したペルシアの駅逓制度は、もちろんアハシュエロス王によっても利用され、とくに、王がペルシア全土に布告を発するときに活用された。（B、D、H、P）。そのさい、その布告の詔書を送達する使者＝急使は、徒歩ではなく騎馬によってその任にあたった。（P）。

ii　多言語による布告（民族融和政策）　Bでは「王は王の諸州にあまねく書を送り、各州にはその文字にしたがい、各民族にはその言語にしたがって」とあり、同じような趣旨の言葉がHとPにもあらわれる。このように、王の布告が多言語で周知されたことは、キロス王がユダヤ人をエルサレムに帰還させたのとおなじように、ペルシア王の民族融和政策の一環であっただろう。しかし、注目すべきは、まえのBの引用文のつづき「〔王は各民族に〕自分の民の言語を用いて語るべきことをさとした。」という箇所であって、このことは、ペルシア王が、他民族にたいして、多言語の使用を「許容」しただけでなく「奨励」さえしていた、ということを物語る。

なお、発する布告の詔書を多言語で書くのは書記の仕事だから、書記官は翻訳官をもかねていなければならなかった。（H、P）。

iii　認証方法　王の発した手紙あるいは布告の詔書が真正なものであることを認証する方法として、王の印章指環による押印が利用された。しかしそのさい、押印するのはかならずしも王自身ではなく、王がその指環をあずけた代理人によることが通例だった。（G、H、N、O、P）。

なお、分裂王国時代のイスラエル王国アハブ王（在位前八七四年〜八五三年）の記述のなかにも、印章指環なのかはわからないが、王の代理人として、王妃が王の印章を押して手紙を出すくだりがある。すなわち、「彼女［王妃］はアハブ［王］の名で手紙を書き、彼の印をおして、……その町に住んでいる長老たちと身分の尊い人々に、その手紙を送った。」という記述がそれである。（「列王記上」二一章八）。

また、ペルシアのバガイオスが、ダレイオス（＝ダリウス）王の政敵オロイテスを倒すため、サルディスにむかったとき、王の代理人として王の印章を押した手紙を持っていったことがヘロドトスによって語られている。すなわち、「彼［バガイオス］はさまざまな事柄を記した書状を幾通りも認《したた》め、これにダレイオスの印璽《いんじ》を捺し、これらの書状を携えてサルディスに向かったのである。」（『歴史（上）』一九七一年、巻三―一二八）。

ところで、この王の印章指環によって押印された布告の詔書は、恒久的に効力をもつものなので、その布告を取り消してほしいという要求に応じることはできない。だから王は、それとは別の方法、すなわち「ユダヤ人に対し、自衛と報復の行動を公認した第二の詔書によって、実際には前命をひるがえした巧妙なやり方」（『コミュニケーション発達史研究』二八頁）をとったという解釈も成り立つのである。（P）。

iv　布告の複写　これまで手紙などの文書を複写するのは、エズラ記1Bやエズラ記2Cのように、主として差出人がそれを控えとして保存するためだったが、エステル記にでてくる布告類では、差出人が、それを、保存用としてではなく公示用として、言いかえれば、それをひろく民衆に開示するために複写してマスメディア化する。（H、P）。だから、その複写物の数も、一個人にすぎないモルデカイが、ユダヤ人を滅亡させるという布告（詔書）を持つことができたほどに、多かったのである。（I）。

v　文書庫　エズラ記1Cやエズラ記2Dにあるように、ペルシアでは、詔書のような公文書類は、その複写物が各地に設置された文書庫に保存されていたのであるが、当然、王直属の文書庫にも保存されていた。王はまた、書記に日誌をつけさせていたのだから（E）、文書庫には、詔書のような正式の公文書以外の文書も保存され、王は、必要におうじてそれらの公文書類を参照していた。（L）。

（5）紹介状

手紙の内容が、その手紙を持参する使者自身について書いてあり、使者がその内容を知っているというような場合の手紙は、一般に、手紙の差出人が、受取人にたいして、その手紙の持参人（使者）のためになんらかの便宜供与を要請する、というような内容になっている。そして、その要請の実現を、手紙の受取人の自由意志にまかせる場合の手紙は「紹介状」などと呼ばれている。つぎは、その紹介状が、あらぬ誤解をまねいた話である。（「列王記下」五章一〜七）。

スリヤ王の軍勢の長ナアマンはその主君に重んじられた有力な人であった……が、らい病をわずらっていた。さきにスリヤびとが略奪隊を組んで出てきたとき、イスラエルの地からひとりの少女を捕えて行った。彼女はナアマンの妻に仕えたが、その女主人にむかって、「ああ、御主人様がサマリヤにいる預言者と共におられたらよかったでしょうに。彼はそのらい病をいやしたことでしょう」と言ったので、ナアマンは……主君に、「イスラエルの地からきた娘がこういう事を言いました」と告げると、スリヤ王は言った、「それでは行きなさい。わたしはイスラエルの王に手紙を書きましょう」。

そこで彼は銀十タラントと、金六千シケルと、晴れ着十着を携えて行った。彼がイスラエルの王に持って行った手紙には、「この手紙があなたにとどいたならば、わたしの家来ナアマンを、あなたにつかわしたことと御承知ください。あなたに彼のらい病をいやしていただくためです」とあった。イスラエルの王はその手紙を読んだ時、衣を裂いて言った、「わたしは殺したり、生かしたりすることのできる神であろうか。どうしてこの人は、らい病人をわたしにつかわして、それをいやせと言うのか。あなたがたは、彼がわたしに争いをしかけているのを知って警戒するがよい」。

イスラエル王は、将軍ナアマンが「馬と車とを従えて」(「列王記下」五章九)重装備でやってきたのでおどろき、金品をそえた単なる紹介状を挑発と勘違いし、悲憤の感情表現である「衣を裂く」という行動をとったのだが、その後、イスラエル王の誤解がとけ、ナアマンのらい病は、ぶじ預言者エリシャによっていやされる。

4 手紙の送達方法の諸類型

日本では、古事記や日本書紀のなかには書写の記述がなく、それらの神話や伝説のなかにも手紙の話はでてこない。しかし、ここで日本の手紙の話に言及するわけは、江戸幕末期の史実としての文献のなかに、さまざまな手紙の送達方法が記載され、それが、他のさまざまな神話や聖書などのなかの手紙の送達方法についての一般的な諸類型を提示しているからである。

そこでまず、幕末から明治中期にわたった活躍した生糸商下村善太郎のつぎの記事からはじめよう。

A　翁の商法は只だ機敏の二字を以て評すべきであります。維新の前後、未だ電信も鉄道も無い時分に方《あた》り、常に横浜の商況に注意して居りまして、糸の出来盛りの季節には、其の相場に変動のありました都度、必ず早飛脚を以て知らせることになって居りました。……翁が普通商人の上に卓越した商人になったのも全く此処に基因するものであらうと思ひます。夫れゆえ、常に足の達者な者が一人や二人づつ必ず抱えてありました。(『上毛新聞』「(連載) 故下村善太郎と未亡人」一九〇〇年、石井寛治『情報・通信の社会史』有斐閣、一九九四年、二二五頁参照)。

つぎに、横浜売込商の甲州屋篠原忠右衛門と支配人格の次男直次郎が、出身地である甲斐国東八代郡東油川村の長男正次郎に送った手紙三〇〇便(三五一通)についても見てみよう。

B　横浜から町田・八王子を経て石和までは定飛脚問屋京屋による飛脚便が利用でき、そこからは別便を依頼する形をとっていたが、適当な飛脚便がないときは、急ぎの用でなければ、横浜から甲州に行く旅行者に幸便［委託便］として託した。……甲州屋が扱った生糸・綿花・蚕種は、相場変動がとくに激しい商品であったから、急いで連絡しようとする場合には、互いに急飛脚［仕立便］を派遣しなければならなかった。(『情報・通信の社会史』一九頁。藪内吉彦『日本郵便創業史』雄山閣出版、一九七五年、七二~八八頁)。

さらに、商人鹿島萬兵衛の回顧録で、幕末期の江戸町飛脚の状況の一端を見てみよう。

C［江戸から］大阪へは通常十日目ぐらゐに到達。……正四日［四日間で到着］限差込《さしこ》みといふ便《たより》あり。これは臨時に仕立てるものゆゑ、［当初は］三日に一回あるか十日に一回あるか定らず。［しかしその後、］政府または諸侯方に属するものか、維新前に至りほとんど毎日のごとく発送せられしなり。……差込便のある時は、昼のうち飛脚店より、今晩差込みがあります、と各得意先に触れ来る。（鹿島萬兵衛『江戸の夕栄』紅葉書房、一九二二年（中公文庫版、一九七七年、五一頁））。

まず、はじめのAの下村善太郎の場合、横浜と下村とのあいだにある空間的距離を埋めてくれる送達方法は、a．使者（＝早飛脚）であり、とくに下村の場合には、b．専属の使者（＝足の達者な者）だった、ということになる。なお、a．を任意の使用人による「不特定の使者便」、b．を専属の使用人による「特定の使者便」とすれば、a．とb．との区別ははっきりしないことが多いので、その場合は、いちおうb．としておこう。

つぎに、Bの横浜の忠右衛門・直次郎と甲斐の正次郎との間の送達方法は、c．常設機関による「定期便」(＝定飛脚問屋京屋による飛脚便)、d.「幸便」(＝旅行者への委託便)、e.「仕立便」(＝急飛脚)だった、ということになる。なお、手紙の送達方法のうちd.「幸便」の使用頻度はそれほど高くはないと思われがちだが、横浜から送った手紙三〇〇便のうち、送達方法がわかっているのは一〇〇便弱で、そのうちd.「幸便」が約八〇便をしめていて、幸便の割合の多いことに驚かされる。また、e.「仕立便」(＝急飛脚)については、「京屋が請負ったのか、また他に急飛脚専門の飛脚問屋が存在したかは後考に俟ちたい。」ということで、常設機関の兼業によるものか、専業によるものかは分からない。(『日本郵便創業史』七四・八〇頁)。

最後に、Cの鹿島萬兵衛の場合、江戸から大阪へ緊急に連絡しなければならないときには、常設機関による定期便(町飛脚)であれば一〇日かかるところを、四日で届くという公用通信に差し込んで便乗するf.「差込便」を利用した、ということになる。なお、差込便には、その派生的類型として、このような常設機関によらず、まえのa.「不特定の使者便」、b.「特定の使者便」、d.「幸便」に便乗するような、いわばg.「便乗便」ともいえるような方法もあっただろう。

これらの送達方法は、この時代にどれかひとつだけが利用された、というのではなく、ここに見るとおり、通常はそのときの必要と費用に応じて並行的に使いわけられたが、これらの送達方法は、分業の展開という面からみると、つぎのような類型をたどって発展してきた、ということができる。すなわち、

（他　人）　i．旅行者に手紙を託す「幸便」（＝d）
（本　人）　ii．任意の使用人による「不特定の使者便」（＝a）
　　　　　　iii．専属の使用人による「特定の使者便」（＝b）
（他　人）　iv．他人のi～iiiの便に便乗する「便乗便」（＝g）
（常設機関）　v．「定期便」（＝c）
　　　　　　vi．「仕立便」（＝e）
　　　　　　vii．「差込便」（＝f）

5　ローマ

ローマ帝国では、初代皇帝オクタヴィアヌス（在位前二七年～後一四年）が有名なクルズス・プブリクス Cursus Publics を創設し、常設機関としての駅逓制度、すなわち、前

記類型vの送達方法を整備する以前、手紙は、類型i〜ivの送達方法をとっていた。

そこで、クルズス・プブリクス設立以前のローマにおける手紙の送達方法の類型を、史実として、キケロー（前一〇六年〜四三年）のさまざまな手紙のなかで見てみよう。

A〔類型i〕ローマに帰還したところ、君あての手紙を安全に託せる人がちょうど見つかったものだから、何はさておき、さっそくわたしは、離れている君に手紙を出して、私の帰還について払ってくれた君の努力に、お礼をいわなくてはと考えて〔これを書いている〕。（「キケローの書簡」（前五七年九月在エーピールス［ギリシア北西地方］のアッティクス宛）泉井久之助訳『ローマ文学集』〈世界文学大系六七〉筑摩書房、一九六六年、二一七頁）。

B〔類型i〕あなたとは時間的空間的にたいへんへだたっている以上、手紙を通じて出来るだけ話を交わすように進んでわたしはしている次第。それがあなたの期待されるより稀にしかできないとすれば、その理由は、無用心に人に託せるような種類の手紙をわたしは書かないからだと思ってほしい。確かな人物の便《びん》があって手紙を安全に託せるなら、これからも必ずその機会を見逃さないようにしたい。（「キケローの書簡」（前五六年七月在リキア総督〔前執政官〕プーブリウス・レントゥルス・スピンテル宛）二五三頁」）。

A、Bでの手紙の送達方法は、ともに旅行者に託した類型・iの「幸便」である。ところで、Aでは手紙を「安全に託せる人」、Bでも「確かな人があって手紙を安全に託せる」など、手紙の「安全」ということが幸便の条件として語られているが、ここでいう「安全」とは、手紙が確実に届くというよりは、手紙の内容が漏洩《ろうえい》しないということを指している。

C〔類型・iv〕けさ早く差立てた先の手紙は、もう読んでくれたと思う。ところがそののち、元老院の終わったあと夕方に、リキニウスが親切にわたしのところへ来てくれて、なお何か書くべきことが起こっているなら、［「クウィントゥスの行った方面へ飛脚を出すついでがある」ので、］あんた［「クウィントゥス」］にあてて詳しく書いてはどうかと言ってくれた。〔それで改めてこれを書く次第だが……。〕（「キケローの書簡」（前五七年一二月サルディニアに向かう途上の弟クウィントゥス宛）二二四頁・二二五頁注

（1））。

D〔類型iv〕キンキウス〔宛先人アッティクスの使用人〕が一月二十八日、夜明け前にわたしのところへ来てくれたのは実に嬉しかった。というのは君がすでにイタリアの土を踏んでいるので、キンキウスはあなたに向けて使いの奴隷をさし向けるというものだから。使いがさし立てられる以上、わたしの手紙を持たせぬ法はないと思ってこれを書いたが、もちろん特に改まって君に書かねばならぬことがあるわけではない。（「キケローの書簡」（前五六年一月ローマへの帰途にあるアッティクス宛）二三四頁）。

Cの冒頭「けさ早く差立てた先の手紙」の送達方法は不明だが、それをのぞけばC、Dでの手紙の送達方法は、ともに他人の便（類型iii）に便乗する類型ivの「便乗便」である。すなわち、Cでは友人の「飛脚を出すついで」の便に便乗し、Dでは友人の使用人が「あなた〔友人〕に使いの奴隷〔使者〕をさし向ける」便に便乗したのである。

ところで、手紙の使者について、Cでは「飛脚」、Dでは「奴隷」となっているが、Cの「飛脚」もおそらく「奴隷」だったろうと思われる。それについては、つぎの記述が参考になる。

「共和政時代及帝政時代の初め迄、その高度の発達にもかゝはらずロオマ帝国は公用にも私用にも依然特別な使者に頼らなくてはならなかった。そしてこれ等……飛脚は主として奴隷階級又は解放奴隷からなって居て、それを用ひ得るのは多数の奴隷を使用し得る富裕な貴族階級に限られて居る。」（『世界通信発達史概観（上巻）』二八頁）。

しかし、この使者の奴隷（類型iii）については、あまり信用ならなかったようで、キケローも友人への手紙（送達方法不明）でそのことをこぼしている。

E〔類型iii〕奴隷がロオマから到着したといはれた時私［キケロー］は君から手紙が来て居るかと思った。そこで早速奴隷を呼んで、君からの手紙を持って居るかどうかと尋ねた。所が無いというんだ。何だって、と私はさえぎっていった。ポンポニウスPomponiusから何もこないんだと。私の声と眼とにおびえた彼らは実は持って来たのだと白状した。それがどんなに私を腹立たせたか君は分かるだろう。（『世界通信発達史概観（上巻）』二九頁）。

なお、ここでキケローが使者の奴隷のことを「彼ら」と複数形で呼んでいることに注意したい。この点からみると、使者としての奴隷はおそらく二人で行動していたのだろう。

つぎの三通の手紙は、ローマ共和政末期、共和主義の護持を主張してともに戦ったふたり、キケローとブルートゥスの往復書簡のうち、キケローから出されたものである。

F〔類型.iv〕四月十一日の朝、わたしはスカプティウス〔宛先人ブルートゥスの事業の代理人〕に〔前の〕手紙を渡しましたが、ちょうどその同じ日に、あなたが四月一日の夕方デュッラキウムで出されたお手紙を受け取りました。それでわたしは、翌十二日の朝スカプティウスの口から、前日〔十一日の朝〕わたしの手紙を託された連中がまだ出発しておらず、これから間もなく出かけるということを確かめましたとき、朝の取りこんだ引見の合間を見て、この短い追伸をしたためました。(「キケロー=ブルートゥス往復書簡(第四書簡)」(前四三年四月一二日)高田邦彦訳『ローマ文学集』二七五頁)。

ブルートゥスがデュッラキウムでキケローあてに出した手紙の送達方法は不明だが、キケローが出した手紙F自体は、追伸をふくめ、スカプティウスが出す便(類型.iii)に便乗する類型.ivの「便乗便」である。

G〔類型・i〕わたしは近いうちにメッサッラ・コルウィーヌス［キケローの息子の学友］にわたしの手紙を委託するつもりでしたけれども、われらの友ウェトゥスがあなたの所へおもむくのに、わたしの手紙を持たせずにやりたくはありませんでした。（「キケロー＝ブルートゥス往復書簡（第二一書簡）」（前四三年七月初め））。

キケローが出すことを予定していた手紙も、実際に出した手紙も、ともに旅行者［息子の学友あるいは自分の友人］に託した類型・iの「幸便」である。

H〔類型不明〕あなたのお手紙は簡単でした。「簡単」と言うどころか、とうてい手紙の体をなしておりません。……そのくせあなたはわたしの手紙を欲しいと言われるのです。今まであなたの友人たちのうちで、わたしの手紙を持たずにあなたの所に赴いた人がひとりでもあったでしょうか。また、［質量ともに］重みを持たない手紙が一通でもあったでしょうか。……あなたはもっと長い手紙をわが子キケロー［小キケロー］に委託するつもりだと書いておられます。それはなるほど結構な事ですが、しかしこのお手紙ももっと内容豊富なものであって然るべきでした。ところでわが子キケローがあなたのもとを離れるという知らせをいただいたとき、わたしはすぐに飛脚と手紙を「わが子」キケローのところへ送り出して、たとえかれがすでにイタリアに到着していても、あなたのもとへと帰るように命じました。(「キケロー＝ブルートゥス往復書簡(第二三書簡)」(前四三年七月一四日))。

キケローがブルートゥスに出したこの手紙のなかでは、さまざまな手紙の送達方法が語られている。

まず、この手紙H自体と、冒頭の簡単な「あなたのお手紙」の送達方法は不明である。しかし、それにつづく文章で、キケローは、ブルートゥスのいるところへ向かう旅行者には、かならず類型iの「幸便」を託していると言い、そのあとの文章では、自分のところに寄寓しているキケローの子が父キケローのもとに帰るときは、キケローあてに書いた手紙を類型iの「幸便」としてキケローの子に託して届けるつもりだ、というブルートゥスの言葉を引用している。そしてそのあとの、キケローの子が書いたブルートゥスのもとを離れる、という手紙の送達方法は不明だが、最後に、キケローは、わが子あてに飛脚で手紙を送達する（類型iii）、と書いている。

いずれにしても、キケローのこの書簡集にはさまざまな手紙の送達方法がみられるが、そのなかでも、とくに、類型iの「幸便」と、類型ivの「便乗便」の多いことが注目される。

Ⅲ　信書の秘密

第1章　秘密を守る方法

1　封印・封泥・封蠟

文字コミュニケーションの手段としての手紙は、基本的にはパーソナル・メディアだから、手紙の差出人は、その内容を受取人以外には知られたくない。このように手紙（信書）の送達にさいしては、もともと秘密が守られることが必要だったので、そのための方法がさまざまに工夫された。そして、このような手紙の秘密、すなわち「信書の秘密」を守る方法をめぐる話が、神話や聖書や物語などには沢山でてくる。

そこで、ここから稿をあらためて、このような信書の秘密をめぐって繰りひろげられるさまざまな話を述べておこう。

（1）封印

物品や手紙（文書）などが抜きとられたり、閲読・改竄《かいざん》されたりできないようにするため、それらを包んで封緘《ふうかん》する。しかし、封緘という方法だけでは、包みを開いて中味を抜きとり、あるいは閲読・改竄したあと、また、もとどおりに封緘しておくことは比較的容易である。だが、封緘した包みの合わせ目などに印章で押印すれば、いったん開いた包みをもとどおりに封緘することが難しくなり、物品や文書の抜きとりや閲読・改竄を防ぐことができる。このような方法が「封印」と呼ばれるものである。

i　旧約聖書　　その封印について、旧約聖書には、つぎのような記述がある。（『旧約聖書』「エレミヤ記」三二章九〜一五）。

わたし［エレミヤ］は、いとこのハナメルから……畑を買い取り、……その証書をつくって、これに記名し、それを封印し、証人を立て、はかりをもって銀を量って与えた。そしてわたしはその……封印した買収証書と、封印のない写しとを取り、いとこのハナメルと、買収証書に記名した証人たち……の前でその証書を……［書記］バルクに与え、彼らの前でわたしはバルクに命じて言った、「……神はこう仰せられる、……この買収証書と、封印のない写しを取り、これらを土の器に入れて、長く保存せよ。……この地で人々はまた家と畑とぶどう畑を買うようになる」と。

この記述によれば、買収証書には正本と副本の二種類があり、とくに正本は、改竄を防ぐため封印が施され、重要文書として保存されていたのだろう。

ii 新約聖書　また、封印について、新約聖書には、つぎのような記述がある。(『新約聖書』「ヨハネの黙示録」五章一～五)。

わたしはまた、御座《みざ》にいますかたの右の手に、巻物があるのを見た。その内側にも外側にも字が書いてあって、七つの封印で封じてあった。また、ひとりの強い御使《みつかい》が、大声で「その巻物を開き、封印をとくのにふさわしい者はだれか」と呼ばわっているのを見た。しかし、天にも地にも地の下にも、この巻物を開いて、それを見ることのできる者は、ひとりもいなかった。巻物を開いてそれを見るのにふさわしい者が見当たらないので、わたしは激しく泣いた。すると、長老のひとりがわたしに言った、「泣くな、見よ、ユダ族のしし、ダビデの若枝であるかたが、勝利を得たので、その巻物を開き七つの封印を解くことができる」。

この記述によれば、文書の閲読・改竄を防ぐため、巻物状の文書には、七カ所もの封印が入念にほどこされていたわけである。

とはいうものの、現代の諜報活動では、厳重に封緘されているはずの他国の文書の封印を解いて中味を閲読し、それをまた、もとどおりに封緘することができるようになっている。つぎは、米国国務省の機密室「ブラック・チェンバー」で、かつてそのようなことが実際におこなわれていた、という証言である。(H・O・ヤードレイ『ブラック・チェンバー』平塚柾緒訳、高地出版社、一九九九年、八三頁)。

表面上は中立国であるはずの国の大使館、公使館、領事館などが、敵国に加担している疑いが起こった場合、外交文書革嚢《ポーチ》を盗んで中身を無断拝見する必要も生じる。そのときは、内容をすっかり写真に撮り、きちんと元通りにして表記されている宛名人に出す。この仕事はかなりの困難と危険をともなう。外交文書は必ず外交封印で厳封されているから、優秀な偽造の腕を必要とする。のみならず、どうかすると開封作業にかかっているとき、誤って封筒のどこかを破ることがある。そうすると紙をすり替えて破れたところをなくさなければならない。そのときは同一の新しい封筒を作り、外交封印と手跡の偽造、また場合によっては郵便スタンプの模写までしなけらばならない。

(2) 封泥

i　シュメル　手紙（信書）の秘密を守るため、古くはシュメルで封泥という方法が工夫された。

しかし、この封泥は、もともとは手紙の秘密を守るためではなく、物品管理などに利用された。すなわち、「古代世界にはびんやキャップなどはなく、物品は壺や布製の袋などに入れられた。穀物などを入れた壺に革や布をかぶせて、紐をぐるぐる巻き、さらに紐に粘土を塗って［押印式の］スタンプ印章を押して、封印した。袋や壺をあけるとき、この封印がこわされていなければ中身が減っていないことを示すことができる。この粘土で作った封印を封泥という」（『シュメル―人類最古の文明』八五～八六頁）のである。

封泥に押される押印式のスタンプ印章は、その後、粘土のうえに転がすとより大きな印面がえられる回転式の円筒印章へと発展し、「売買や契約文書、裁判の記録、手紙などに円筒印章が押されることは……ウル第三王朝時代（前二一一二年〜二〇〇四年頃）になって慣習になった。」（『シュメル――人類最古の文明』九〇〜九一頁）。

また、シュメルでは、前二〇〇〇年頃から封筒が使われるようになったが、その使用方法は、「封筒には粘土板文書の内容を要約して書き、その上に印章をころがした」（『シュメル――人類最古の文明』九二頁）というものだった。

このように、シュメルでは、封泥に印章をともなうことが一般的で、このような方法は、手紙を閲読させない、すなわち手紙の内容の「秘密を守る」ためだけではなく、内容の「改竄を防ぐ」ことがおもな目的だった。

ii　エジプト　　エジプトでも、手紙などの文書の秘密を守り、あるいは改竄を防ぐため封泥が使用された。そして、その場合、シュメルと同様、封泥にはスタンプ印章が押印された。

エジプトのこのスタンプ印章は、甲虫スカラベ Scarabaeus［フンコロガシ］の形をした小型のものであるが、初期には護符として、後には印章としても使用されたと考えられ、その印面には王や神々の名などが刻まれた。

このように、封泥に押印されるスタンプ印章がスカラベ型であったのは、再生復活を願うエジプト人が、甲虫スカラベの行動にその意味を見いだしたからであり、したがって、太陽の再生復活を思わせる「日の出」を象徴する神ケプリ Khepri（太陽神ラーの一形態）も、男性の体にスカラベの頭をもつ姿で表現された。

なお、エジプトにも円筒印章は伝わったが、書写材料がシュメルのような粘土ではなく、パピルスだったので、広まらなかった。


iii　中国　中国でも、手紙などの文書の秘密を守り、あるいは改竄をふせぐため、とくに秦漢時代に封泥が使用された。

中国では、蔡倫《さいりん》によって、後一〇五年に紙が発明される以前、文書は簡牘《かんとく》類（竹簡・木簡）に書かれ、それを紐でつなぎ合わせ、巻物状（簡冊）にして保存された。しかし、これらの簡牘類は、紙と違って削るだけで改竄が可能なため、とくにそれを防ぐためにも封泥が使用された。

また、中国では、シュメルと同様、封泥は物品管理のためにも使用され、重要物品は封泥に押印して封緘された。

このような中国の封泥の具体的な方法はつぎの通りである。すなわち、「公文書や重要物品は輸送に際し、縄で束ねられ、その結び目に粘土の小塊を付け、発送主の印を押しつけた。この粘土塊を封泥と呼ぶ。輸送物の受領者は、添え書きとその粘土塊の印文とを照合確認して、受領した。開封に際しては縄を切り、粘土塊は壊さないようにしたことから、泥の塊が今に伝わる。」(松村一徳「中国新出土秦封泥の検証」『書学書道史研究』第八号、八七頁)。

中国で「封泥」という言葉は、古くは『後漢書』の「百官志」に見られというが(『書道辞典(増補版)』二玄社、二〇一〇年、二二三頁)、封泥の「押印」については、秦の始皇八年(前二三九年)完成の『呂氏春秋』「離俗覧」のなかで、つぎのように記されている。(『呂氏春秋(中)』〈新編漢文選2〉楠南春樹=訳注、明治書院、一九九七年、六九五頁)。

昔の民に君臨した聖王は……民の幸福を招来することを念頭においていた。つまり、民と君主との関係は、あたかも印璽とその封泥[=塗]とのようで、方形の印を押せば〔封泥には〕方形が印せられ、円形の印を押せば円形が印せられる。

ところで、文献に見るこのような封泥の記述にたいし、封泥の現物自体は、一八二二年になってようやく、四川州成都で発見されたのが最初である。

ここで、白居易［七七二年～八四六年］が友人の元微之に送った手紙のなかの漢詩で、「封」について触れている箇所があるので、その和訳を紹介しておこう。〔白居易「元微之におくる手紙」内田道夫訳『中国散文選』〔世界文学大系七二〕筑摩書房、一九六五年、二〇二頁〕。ただし、白居易の時代の手紙にはすでに紙が使用されていたので、ここでいう「封」とは「封泥」のことではないだろう。

思いおこすと、むかし手紙に封をして君に送ったあの夜は、金鑾殿《きんらんでん》のうしろで明けそめる空を美しく眺めたものでした。今夜も手紙に封をするこの身は、いったいどこにいるのでしょう。都を遠く離れた廬山《ろざん》のいおり、夜明けに薄れゆく燈火の前に。

（3）封蠟

中近世のヨーロッパでは、物品管理のためとともに、手紙などの文書の秘密を守り、あるいは改竄を防ぐため、封泥ではなく、封蠟 sealing wax が使用された。

封蠟は、このうち、まず物品管理のため、ウイスキーの瓶などの容器を密封するのに使用された。そのような使用例として、現在でも、たとえばバーボンのブランド「メーカーズマーク」では、そのボトルネックの上部全体を、どろりとした赤い封蠟で覆い、また封蠟をほどこしていない他のブランドの酒のボトルでも、高級感の演出として、封蠟を模した樹脂製のパッチなどを使用しているものがある。

封蠟は、また、手紙などの文書の秘密を守り、あるいは改竄を防ぐために使用された。この場合、蠟を火であぶって溶かし、それを封筒の蓋や、文書をまるめて縛ったひもの上に垂らし、蠟が固まるまえ、蠟の表面に家系のシンボルなどの印面をもつ印章 sealing stamp を押した。こうして、封蠟で閉じられた封筒や文書を開封すると、封蠟が損傷され、封筒や文書が開封されたことが分かってしまうことになる。

つぎのドストエフスキーの小説に描かれた封蠟は、手紙や金のはいった封筒に巻かれたリボンにほどこされていたことが示される。（ドストエフスキー「カラマーゾフ兄弟（第九篇）」小沼文彦訳『ドストエフスキー3』（世界文学大系三六B）筑摩書房、一九六〇年、一四頁）。

封筒には赤い封蠟で大きな封印が三つおされてあったが、封はすでに切られて、中はからっぽで、金は持ち去られていた。床には封筒を結んであった、細いバラ色のリボンが落ちていた。

封蠟はまた、薬としても使用されたようで、そのことがチェーホフの作品に書かれている。（チェーホフ「桜の園」神西清訳『チェーホフ』〔世界文学大系四六〕筑摩書房、一九五八年、四四五頁）。

亡くなった大旦那さまは、みんなの病気を、いつも封蠟で治療なすったもんだ。今でもわしは、まいにち封蠟を飲んでるが、これでもう二十六年か、その上にもなるかな。わしがこうして生きているのは、そのおかげかもしれんて。

（4）日本

日本で封泥や封蠟は一般化しなかったが、手紙や文書に印章を押印することで、それらの改竄を防ぐということは古くから行なわれた。

たとえば、法隆寺所蔵文書《もんじょ》で、下総の国司が太政官へ上伸した公文書の『下総国司解《しもうさのこくしのげ》』（七五一年）では、文書の改竄を防ぐため、全面に多数の下総国印が押されている。

なお、夢野久作の小説（一九二八年発表）のなかで、近代の日本において封蠟が使用された例が取りあげられている。（夢野久作「瓶詰の地獄」『現代推理小説大系2』講談社、一九七三年、三二六頁）。

> 陳者《は》、予《かね》てより御通達の、潮流研究用と覚《おぼ》しき、赤封蠟付き麦酒瓶《ビールびん》、拾得《しゅうとく》次第届告仕《とどけつげつかまつ》る様、島民一般に申渡置候処《もうしわたしおきそうろうところ》、此程《このほど》、本島南岸に、別小包の如き樹脂封蠟付きの麦酒瓶が三個漂着致し居るを発見、届出申候《もうしそうろう》。

2　密書

手紙は、基本的にはパーソナル・メディアだから、手紙の送達にさいしては、秘密（信書の秘密）が守られることが必要であり、そのために封印や封泥や封蠟などの方法が工夫された。しかし、これらの方法は、信書の秘密を守るということ以上に、物品や手紙などの文書が抜きとられたり、内容が改竄されたりできないように工夫されたものであった。

しかし、これから述べる方法は、ギリシアにおいて、とくに信書の秘密を守ることがこと、さ、ら、に、必要とされるような「密書」を送達する場合に工夫されたものである。

（1）動物の体内に隠す（『歴史（上）』巻一―一二三〜一二四）

［子供を殺したメディア王］アステュアゲスに復讐を念願した［父親］ハルパゴスは……アステュアゲスがメディア国民に対して頗《すこぶ》る苛酷《かこく》であったのに乗じ……［アステュアゲス王の子］キュロスを擁立してアステュアゲスを王位から追うべきであると……の工作を終り準備が整うと、ハルパゴスはペルシアにいるキュロスに自分の考えを明かしたいと思ったが、街道が警備されていて尋常の手段では覚束《おぼつか》ないので、次のような策を案出した。すなわち兎《うさぎ》を一羽手に入れその腹を裂き、毛はむしらずそのままにしておいて、腹の中へ自分の計画を記した書面を隠したのである。兎の腹を縫い合わせると、自分が召し使っている者の中で一番信頼できる男に狩用の網をもたせて猟師のように仕立て、ペルシアへ送った。そしてその使いの者には、その兎をキュロスに渡すときキュロスに、兎は誰も傍におらぬときに自分の手で開いて頂きたいと、口頭で言い添えよと命じておいた……。ハルパゴスの言い付けどおり事は運んで、キュロスは兎を受け取って腹を開いた。

（2）人間の体内に隠す（『歴史（中）』巻五—三五）

［前四九九年、ペルシア反乱を企てた］ヒスティアイオスは、アリスタゴラス［ヒスティアイオスの甥・婿］に離反を指令したいと考えたのであるが、街道がすべて警戒厳重であるため、安全に指令を伝える手段が他になかった……。そこで奴隷の内で最も信用の置ける男の髪を剃り、頭に入墨をし、再び頭髪が伸びるのを待った。頭髪が伸びると早速、その男をミレトスへと派遣したが、この男には他のことは一切語らず、ただミレトスへ着いたら、アリスタゴラスに自分の髪を剃って頭を見てくれと頼め、とだけ申しつけたのである。……入墨の内容は……ペルシアからの離反を指令したものであった。

それにしても、剃った頭髪が伸びるまで待つとは、いかにも気の長い話である。

（3）スキュタレー

ギリシアのスパルタには、信書の秘密を守るための方法としてスキュタレーというものがあった。この方法の詳細は、プルターク英雄伝でつぎのように書かれている。(『プルターク英雄伝(六)』河野與一訳、岩波文庫、一九五四年、一三八~一三九頁)。

スキュタレーとはかういふものである。エフォロス[監督官]が提督や将軍を派遣する場合に、長さも太さも厳密に等しい二本の円い木の棒を造らせ、……一つは自分たちの手許に留め、もう一つは派遣される人に与へる。かういふ木の棒をスキュタレーと呼ぶのである。さてエフォロスが[将軍に]何か重要な秘密な事を告げようと欲する時には……長く細くしたパピュロスを手許にあるスキュタレーに「らせん状に」巻付けて隙間が少しもないやうに……覆つて……巻付けた……パピュロスに書きたい事を書き記す。書き終ると、パピュロスを剝がして……将軍のところへ送つてやる。将軍はそれを受取つても、文字が聯絡《れんらく》なくばらばらになってゐるために、そのままでは読むことができないが、手許にあるスキュタレー……の周りにパピュロスの片を巻付け……てから、眼で棒の周りを辿って[読むと]続いてゐる文句を再び見出す。

なお、改造社版『プルターク英雄伝』(鶴見祐輔訳、一九三四年、三五七~三五八頁)では、スキュタレーの書写材料が「パピュロス」ではなく「羊皮紙」となっている。また、これより以前、ギリシアの詩人アルキロコス（前六八〇年頃～六四五年頃）が、木の棒（スキュタレー）を軸とする革の巻物に言及しているという。（岡田泰介『東地中海世界のなかの古代ギリシア』〈世界史リブレット九四〉山川出版社、二〇〇八年、七一頁）。

（4）ディプティコン

ギリシアで字を書くのに使われた一般的な方法として「ディプティコン」や「トリプトコン」などと呼ばれるものがある。この方法によると、文字は「蠟をひいた木板に一種の尖筆をもって記され……、［その木板の］一端に穴をうがって更に一枚または二枚をつなぎ、内側を合せ、丁度一枚の紙を折ったやうにして用ゐた。そして二枚続きのものをDiptychon三枚続きをTriptychonといった。これは書き損ひを平らな物ですり消すことも出来たし、又上に蠟を引けば再度の使用にも耐へた。」（『世界通信発達史概観（上巻）』一七頁）。

このように、ディプティコンやトリプトコンは、文字の訂正や書写材料の再使用に便利なものであったが、それだけでなく、それらの「合せ目に鍵を用ふるなり何なりして密封することが出来た、め愛の手紙として屢々用ひられたものであった」（同前）というように、恋文のような、信書の秘密を守ることがことさらに必要とされる手紙（密書）を送達するときに使われた。

第2章　使者に危険をもたらす手紙

手紙の内容が、その手紙を持参する使者自身について書いてある場合には、使者がその内容を知っている場合と、知らない場合とがある。そして、前者の場合、すなわち使者がその内容を知っている場合の手紙は「紹介状」や「依頼状」などと呼ばれるものだが、これからの話の主題は、後者の場合、すなわち使者がその内容を知らない場合の手紙についてである。このような場合の手紙は、だいたい使者に知られたくない内容、すなわちその手紙の使者になんらかの危険（たとえば死）をもたらす、というような内容になっている。したがって、そのような手紙には、その手紙を持参する使者にその内容が知られないよう、信書の秘密を厳重に守る方法がほどこされていることになる。

ところで、このような「使者に危険をもたらす手紙」についての話は、神話や聖書や物語において、同じようなモチーフで執拗にくり返される。ということは、この種の話が、本書のモチーフでもある人間のコミュニケーション行為と精神の源泉との関連を、どこかで深く示唆しているのかもしれない。

1　使者に危険をもたらす手紙を使者が持参する――1

ウル第三王朝（前二一一二年～二〇〇四年）かそれより少しあとに書かれたシュメルの文学作品『サルゴンとルガルザゲシ』では、信書の秘密をまもるための「封筒」の起源について、つぎのように書かれている。（『シュメル――人類最古の文明』九一頁）。

その当時粘土の上に書かれることは確かにおこなわれていたが、粘土板を封筒で包むことはしなかった。（キシュ市の）王ウルザババは神々が生み出したサルゴンのために手紙を書いたが、それは彼（＝サルゴン）自身の死をもたらすものであり、そして彼（＝ウルザババ）はサルゴンをウルク市のルガルザゲシ（王）に派遣した。

しかし、ここでの話の主題は「封筒」だけではない。ウルザババ王の手紙の使者サルゴンは、使者を殺してくれ、という依頼の手紙をルガルザゲシ王に届けたのだが、異説もあるが、手紙が封筒に入れられ封緘されていたので、使者サルゴンがその手紙を読むことができなかった、つまり使者サルゴンは、自分に危険をもたらす手紙を自分自身（使者）が持参したというわけだ。

だが、じっさいにはサルゴンは殺されなかったばかりか、のちには逆にウルザババから王権をうばってシュメル統一をなしとげた。このような展開を見越したウルザババが、先手をうってサルゴン暗殺をくわだてた、といえなくもないだろう。

2　使者に危険をもたらす手紙を使者が持参する――2

つぎに取りあげる三つの話の主題も、まえとおなじく、使者に危険をもたらす手紙を使者自身が持参するというものである。そして、ここでの話の内容は、男が人妻に、あるいは人妻が男に言い寄り、拒絶されたことから起こった出来事である。

（1）男が人妻に言い寄る①

まず、「ヘテびとウリヤの妻バテシバ」がダビデ王妃になるまでの話から。（『旧約聖書』「サムエル記下」一一章二〜二七）。

ある日の夕暮れ、ダビデは床から起き出て、王の家の屋上を歩いていたが、屋上から、一人の女がからだを洗っているのを見た。その女は非常に美しかった。ダビデは人をつかわしてその女のことを探らせたが、ある人は言った、「これは……ヘテびとウリヤの妻バテシバではありませんか」。そこでダビデは使者をつかわして、その女を連れてきた。……彼はその女と寝た。……女は妊娠したので、人をつかわしてダビデに告げて言った、「わたしは子をはらみました」。

そこでダビデは［戦場にいる将軍］ヨアブに［使者を出し］、「ヘテびとウリヤをわたしの所につかわせ」と言ってやったので、ヨアブは［部下］ウリヤをダビデの所につかわした。ウリヤがダビデの所にきたので……ダビデはウリヤに言った、「あなたの家に行って、足を洗いなさい」。……しかしウリヤは王の家の入口で主君の家来たちと共に寝て、自分の家に帰らなかった。ダビデはウリヤに言った、「旅から帰ってきたのではないか、どうして家に帰らなかったのか」。ウリヤはダビデに言った、「……わたしの主人ヨアブとわが主君の家来たちが野のおもて［戦場］に陣を取っているのに、わたしはどうして家に帰って食い飲みし、妻と寝ることができましょう。……」。……

朝になってダビデはヨアブにあてた手紙を書き、ウリヤの手に託してそれを送った。彼はその手紙に、「あなたがたはウリヤを激しい戦いの最前線に出し、彼の後ろから退いて［ウリヤを残して退却し］、彼を［孤立させて］討死させよ」と書いた。ヨアブは町を囲んで……［敵の］勇士たちがいると知っている場所にウリヤを置いた。町の人々が出てきてヨアブと戦ったので、……ダビデの家来たちにも、倒れるものがあり、ヘテびとウリヤも死んだ。……

ウリヤの妻は夫ウリヤが死んだことを聞いて、夫のために悲しんだ。その喪が過ぎた時、ダビデは人をつかわして彼女を自分の家に召しいれた。彼女は彼の妻となって男の子を産んだ。

戦場から戻ったウリヤに、ダビデは、疲れをいやすため家に帰れ、としきりにすすめる。

ウリヤの妻バテシバの妊娠を知ったダビデが、狡猾《こうかつ》にも、帰宅させたウリヤとバテシバとを関係させ、生まれてくる子供がダビデの子でなく、ウリヤの子であるかのように偽装しようとしたのである。しかし、そのことを知ってか知らずか、頑としてウリヤは家に帰ろうとはしなかった。

（２）男が人妻に言い寄る②

つぎは、日本の井原西鶴の「武道伝来記」にでてくる話で、まえの（１）とおなじく、男が人妻に言い寄り、拒絶されたことから起きた出来事である。ただしここでは、（１）とはことなり、拒絶した人妻が、言い寄った男と結ばれるのではなく、おおいなる悲劇で終わりを告げる。（『武道伝来記』〔現代語訳・西鶴全集　第五巻〕暉峻康隆＝訳注、小学館、一九七六年、二〇九～二一五頁）。

磯辺頼母《いそべたのも》という侍は、ひどく色好みで、春の花、秋の紅葉のようなとりどりの美女と閨《ねや》を共にし、まだ妻も持たずに酒色に耽《ふけ》り、勤めも自然とおろそかになっていった。

ある日、わが家の家老塚林権之右衛門《つかばやしごんのうえもん》を呼んで、

「公用に関して急用があるから、伯父春川主計殿《はるかわかずえ》へこの手紙を早々に持参せよ」

と……いい付けられ、……三河の国吉田に急行した。ほどなく着いて主計に対面し、

……手紙をさし上げると、「何事であろう」と封を切って読みはじめ、半ば過ぎたあたりで、主計は驚いた様子でそのまま懐に入れて……権之右衛門の顔をしげしげと眺め、

「どうじゃ、国に変わった事はないか」

というと、権之右衛門はかしこまって、

「まず殿には御機嫌よくあらせられます。……この頃喧嘩が御座いましたが、それはまもなく鎮《しず》まりました。また旅芝居が二、三軒下って来まして、お茶屋が八幡社の前から軒をならべ、……お国の賑わいはたいへんなもので御座いました」

と無心に語ると、主計はまるで合点がいかない顔をして、

「いやいや、そんな事は聞きたくもない。頼母の屋敷に変わった事はないのか」

と尋ねた。……

「……旦那は……まだ奥方を迎えておられませんので、私の計らいで、このごろ京都から女を呼び寄せまして御座います。それ以上の御心配は、私が付いておりますからには、すこしもなさいますな」

と、権之右衛門は何心なく話した。すると主計は顔色を変えて膝を立て直し、

「そのほうは近ごろ、利口な口をきく大胆者じゃ。これこれ、この手紙を見よ」

と投げ出した手紙を取り上げて見ると、

「なになに、この者重罪ありといえども、当地にて手討ちに致せば、世評がやかましくまかり成るに付き、そのほうへ遣《つか》わし候。早々御成敗《ごせいばい》あそばし給われ……」

とあったので、はっと驚いた。主計はそれを見て、

「……それでも屋敷に別条はないと申すのか。……仔細《しさい》のない者を討てとは申してこまい、必ずやそのほうに落度があるに相違ない。委細をいわねばただ今討つがよいか」

というと、

「いかにもお討ちあそばせ。もとより一命を差し上げての御奉公で御座いますから、すこしもためらいは致しませぬ」

と、きっぱりいい切った。主計はしばらく思案して、

「よしよし、最初から討とうと思っていたら、この手紙を見せるまでもない。そのほうの長年の忠勤を思えば、何の過ちがあろう」

というと、権之右衛門は涙を流して打ち明けた。……

「……私の女房は……当八月の中旬ごろから、しきりに離縁してくれと申しますので、たって事情を聞きますと、もったいなくも旦那が女房にお心を移されたとかで、貞女の道を守ろうとすれば、主命に背く事になるこのつらさと、泣きながら申しました……。きっとこの事を思いつめられた殿が、私を無実の科《とが》に落としなさろうという計り事で御座いましょう。この上は、人皮畜生《にんぴちくしょう》を主人とは思いません。なおまた二君に仕える気もありません。早く首を打ってください」

と、順逆の道を誤るまいと思いつめた権之右衛門の心中を思いやって、主計は心をうたれ、どうにかなだめて［屋敷脇］長屋の一間《ひとま》に入れていたわった。

その翌日、主計が権之右衛門を呼び出そうとすると、大小［刀］と羽織だけを長屋に残して行方をくらましているよしを言上すると、主計はあきれて、ひどく哀れに思い、「まことに憎い頼母の仕打ちだ。この上は……思い知らせてやろう」と権之右衛門の大小と羽織を持たせて使者を送り、「お手紙の通り成敗した証拠である」と届けさせた。

頼母は非常に喜んだが、ほかへはいっさい伏せておき、その夕方、権之右衛門の妻に……再三の使いを出し……、ついに断り切れずに伺うと、奥の間に召され、頼母に

口説きかかられたが、もとより不承知だったので、

「いくたび仰せられても、この儀ばかりは御免あそばせ。ことに権之右衛門の留守の間は、しばらくこちらにおりましても疑われます」

と、帰ろうとするのを引き留めて、

「……それならば見せたい物がある。どうしてもそちを思い切れないので、伯父主計方で成敗してもらった。その証拠はこれじゃ」

といって、大小と羽織を投げ出した。

女はこれを見て、気も魂も消えそうにな……ったが、本心を隠して、

「さようならば……仰せに従いましょう。しかしお心に従いますからには、今後、御本妻をお迎えなさる事をおやめあそばすか」

というと、

「それはもう……浅い思いからではない。そなたさえ変わらねば」

と、くつろぐところを見すまして頼母に飛びかかり、

「夫の敵《かたき》、逃すものか」

と、脇差《わきざし》を抜こうとするところをねじ伏せても、まだ未練がましく、

「今の言葉に似合わぬ仕打ち、承知しないと今すぐに刺し殺すがどうだ」

と、この期《ご》に臨んで念を入れて問い返した。女はせせら笑い、

「この侍畜生め。たとえこの身はずたずたになっても、そのほうごときに身をまかすものか。やみやみとそなたの手に掛かり、夫婦ともに殺されるのが口惜しい」

と、声を立てて泣きわめくのも、もっともであった。

頼母はいよいよ立腹して、このまま此処《ここ》で殺すのもおもしろくないと、庭前の桜の木に縛りつけ、手槍［短槍］でなぶり殺しにしたのは、目も当てられぬ有様であった。

（3）人妻が男に言い寄る

つぎは、ホメーロスの「イーリアス」にでてくる話で、まえの（1）、（2）とは逆に、人妻が男に言い寄り、拒絶されたことから起きた出来事である。（ホメーロス「イーリアス」呉茂一訳『ホメーロス』〈世界文学大系一〉筑摩書房、一九六一、二四〇〜二四一頁）。

（このプロイトスが彼［ベレロポンテース］を追い出した）原因というのは、プロイトスの妻の、とうといアンテイアが彼に夢中になって、内緒で思いを遂げようとした

が、このベレロポンテースは……少しも彼女に従わなかった、そこで女は虚言をもうけて、プロイトス王に向かっていうには、『死んでおしまいなさいませ、プロイトスさま、さもなくば、ベレロポンテースを殺してくださいい。私がいやだと申しますのに、肌をゆるせと迫るのですもの』

こういうと、何たることを聞くものと、怒りが王をとりこめた、それでも殺すことは、さし控えた、そうするのは、さすがに心をはばかったからだが、リュキアへと彼をつかわし、たたみ重ねた木の板に、凶々《まがまが》しい符徴《しるし》を刻み込んだものを渡して持ってゆかせた、命を害《そこな》うたくらみを、いろいろ記したものだったが、それを王の舅《しゅうと》［妻アンテイアの父］に見せるよう、命じてやった、彼が命をおとすようにと。

それから彼はリュキアへと神々の行きとどいた護衛のもとに赴いたが、……広大なリュキアの郷《さと》の領主は彼を心をこめて大切にもてなし、……とうとう十日目の朝、……彼にたずねて、婿のプロイトスの手からたずさえて来たものがあったら、その証《あか》しの品を見せるようにと要求した。

こうしてとうとう、婿がやったあの邪悪の符徴を受けとると、まず初めに、あの恐ろしく膨大なキマイラを殺して来いと命令した。……それを彼は、神々の下された異象をたよりにして打ち殺し……次には……［獰猛な野蛮人である］ソリュモイ族と闘い……三番目には……アマゾーンの女軍をたおした。……こうして、いよいよ彼がほんとうに神（ポセイドーン）の子である勇士だということを認識すると、国王はそのまま彼を引きとどめて、自分の娘と自分のたもつあらゆる威権の、半分を彼に頒け与えた。

ここに書かれている、命を害うたくらみを記した「たたみ重ねた木の板」とは、まえの〈密書〉（4）のところで見た「ディプティコン」あるいは「トリプトコン」と呼ばれるものにほかならない。そして、言い寄られた男は、結局、殺されずにすむのである。

ホメーロスの語ったこの話が、ギリシア神話では、つぎのようにもっと簡潔に表現される。（『ギリシア神話』第二巻Ⅲ一～二）。

［プロイトスの妻］ステネボイアは彼［ベレロポンテース］に恋心を持ち、あいびきの申し出を彼に送った。しかし、彼が拒絶したので、［夫］プロイトスにベレロポンテースが彼女に誘惑の言葉を送ったと言った。そこでプロイトスは信用して彼に［妻ステ

ネボイアの父」イオバテースの所に持参すべき手紙を与えた。その中にはベレロポンテースを殺すようにと書かれてあった。イオバテースは手紙を読んで、「ベレロポンテースに怪獣」キマイラを退治するように命じた。この猛獣に殺されるだろうと考えて。そこでベレロポンテースは……有翼の馬ペーガソスに乗り、高く飛翔して、その背からキマイラを矢で射殪《いたお》した。この闘いの後、イオバテースは彼にソリュモイ人と闘うことを命じ……アマゾーンたちと闘うことを命じ……これらすべての者を殺してしまった時に、彼の力に驚いてイオバテースは手紙を示し、彼の所に留まるように頼んだ。娘のピロノエーを与え、死ぬ時に彼に王国を遺した。

ホメーロスでは「ディプティコン」と思われるものが、ギリシア神話ではたんに「手紙」となっている。また、ホメーロスでは「神々の下された異象」となっているものが、ギリシア神話では具体的に「有翼の馬ペーガソス」と書かれている。なお、イーリアスの「アンテイア」が、ギリシア神話ではエウリーピデースの記述にしたがって「ステネボイア」となっている。

3 使者に危険をもたらす手紙を使者が開封する

これまでの話では、使者に危険をもたらす手紙を使者が持参し、使者はその手紙を開封しなかったが、これからの話は、手紙を使者自身が開封してその内容を知り、難をのがれることができた、というものである。

(1) 開封して難をのがれる①

まず、ペルシア帝国とギリシアとのペルシア戦争の時のスパルタ(ラケダイモーン)の将軍パウサニアース(?~前四七〇年頃)をめぐる話である。(『戦史(上)』一七〇~一七六頁)。

ラケダイモーン人パウサニアース……は……ペルシア王[クセルクセース]と与《くみ》して事をはかり、ギリシア本土支配の座につかんと狙う魂胆で……次のごとき機会を利用してペルシア王に恩を売り、己れの遠大な計画実行のための緒を開いた。というのは、かれは在任中……生捕りにした捕虜たちを……同盟諸軍にはことを秘してペルシア王の手元に送還し、ギリシア人同盟者たちには、かれらが脱走したということにしておいた。……そしてパウサニアースは［部下の］ゴンギュロスに書状を与えて、これをペルシア王のもとに届けさせた。……この手紙には次の文面が認《したた》められていた。「スパルタの指揮者パウサニアースは大王の御意をむかえんと願い、槍の穂で捕えた人々をここに送還する次第である。加えてもし大王が嘉《よみ》し給うなら、大王の息女を妻にむかえ、スパルタをはじめギリシア全土を大王の属国として献上したいと考える。……もしこの提案がいささかなりと大王の御意に沿うものならば、願わくは大王の信厚い臣一名を、爾後《じご》の連絡係として、海岸地域に派遣し賜わらんことを。」……

クセルクセース王はこれを見て喜び、……ダスキュレイオンの太守……の職にアルタバゾスをつけ、これに対する義務として、大至急ビューザンティオンにいるパウサニアースに王の返書を送り届け玉璽を示して勅簡《ちょっかん》であることを明らかにすることを命じた。……返書の文面は次のとおりであった。

「クセルクセース王、パウサニアースに宣す。汝がわが臣らをビューザンティオンから救出し海路送りとどけた功労は、われら一族の負目として末ながく謝恩のよすがとなるであろう。また汝の提言に王は満足している。……」

この勅書を手にするとパウサニアースは……前にもまして昂然《こうぜん》たる慢心にとらわれて、……人を近づけぬ尊大な態度をよそおい、すべての人間に見さかいなく激越な怒りを投げつけた……。……

その後……かれがトロイア地方のコローナイに根城を設けて、ペルシア人と内通し何か芳しからざる目的のために滞留を続けている、という知らせがラケダイモーンに届くと、もはや猶予はならじとラケダイモーンの監督官らは軍使とスキュタレーを差向け、パウサニアースに軍使と同行して帰国すべきことを命じ、この命令に従わぬときは、スパルタ人はかれに対して宣戦布告する、と服従を迫った。かれはできるだけ嫌疑を少くするのを得策と考え、また買収によって中傷を揉消《もみけ》すことができると信じて、再度の召喚に応じてスパルタへ帰国し……牢に入れられたが……、やがてかれらと交渉をまとめて出獄したパウサニアースは、自分の所業について検問したい者のまえで黒白を明らかにしよう、と申しでた。

こういわれてもスパルタ人は……はっきりとした確証をつかむことができなかった。……しかしついにその時がきた。話によれば、ペルシア王宛の最後の密書をアルタバゾス［ペルシア王の連絡係］のもとに届けるはずの人間がラケダイモーン人に密告したのである。これはアルギーロスの人間で、かつてはパウサニアースの寵愛をうけ、無二の信頼を負うていた人物であったが、自分よりさきに遣わされた使者がどういうわけか一人も戻って来ないことに不審の念をつのらせ、恐怖にたえられなくなった。そこでかれはまず封印の印璽を偽造し、万が一にも自分の危惧が憶測にすぎなかったり、パウサニアースが文面改変のため手紙を要求したとき、見つからぬよう準備してから封を解くと……自分自身の処刑文が書き加えられているのを発見したのである。

結局、事実が露見したパウサニアースは、逃げまわったすえに殺されてしまうのである。ところで、この話では、最後に「手紙を使者自身が開封してその内容を知り、難をのがれる」というこの項の主題が語られているが、それと同時に、ここでは、この本の他の主題に関連した興味深いことも語られる。

まず、パウサニアースの手紙にたいするペルシア王クセルクセースの返書には、王の印章である「玉璽を示して勅簡であることを明らかにすること」が必要であるとされるが、このことは、まえに述べた旧約聖書の「エステル記」において、王の発した手紙あるいは布告の詔書が真正なものであることを認証する方法として、王の印章指環による押印が利用された、ということと符合する。というのも当然で、エステル記にでてくる「王」のアハシュエロスはクセルクセースと同一人物なのである。王の印章のもつこのような性格から、手紙を開封した使者が、その発覚をおそれ、開封した手紙を復元できるように封印の印璽を偽造したのである。

つぎに、パウサニアースがペルシア人と内通している、という知らせを受けたラケダイモーン（スパルタ）の監督官たちが、パウサニアースに帰国命令をだしたのはスキュタレーによると書かれていることから、スパルタでは、このような場合のコミュニケーション手段として、一般的にスキュタレーが使われていたことがわかる。

（2）開封して難をのがれる②

つぎは、中国北宋の時代、契丹《きったん》が領土の割譲を求めてきたのに応じ、富弼《ふひつ》（一〇〇四年～一〇八三年）がその交渉にあたった時の話である。（『十八史略（下）』〔新釈漢文大系第二一巻〕林秀一＝訳注、明治書院、一九六九年、八八八頁）。

［詔勅などの起草を掌る］知制誥《ちせいこう》の職にあった富弼が［契丹からの］使者の接待役となった。当時、宰相の呂夷簡《りょいかん》が政事《まつりごと》を専らにし、誰一人おしきって反抗するものはなかったが、富弼はただひとり度々これをやっつけた。そのため、夷簡は何か事があったらその機会に富弼を罪しようと狙っていた。（たまたま契丹の事が起こったので）、富弼を返答使とした。……富弼は帰国して、（報告すると、朝廷では［契丹から提示された］その案について会議を開き、対策を決定し、呂夷簡の命で）再び契丹に遣わされた。而《しか》も（腹に一物のある呂夷簡は、）国書の内容を（彼に授けた口上と）殊更に違わせた。夷簡はそうすることによって富弼を罪に陥れようと企《たくら》んだ。ところが、富弼はそれに疑いを抱いて途中で開いて見た。果たして違っていたので、そこでまた朝廷に引き返して、その旨を奏上し、夷簡の不正を面《ま》のあたりに詰責し、国書を取り易《かえ》て契丹に往き、談判の末、毎年契丹に送る銀と絹の量をそれぞれ十万増す事として、和議を結んで還った。

ここでの話では、宰相の呂夷簡が富弼に国書を手渡したのと同時に、その内容を口上で授けた、とあり、国書と口上の内容が違うものだったことが発覚する。文字コミュニケーションの閉鎖性と口頭コミュニケーションの開放性との違いを利用しようとして失敗するのである。

（3）開封して難をのがれる③

最後にシェイクスピアの「ハムレット」から。（『ハムレット』（シェイクスピア全集二三）小田島雄志訳、白水社、一九八三年、一七〇〜一七一・二二二〜二二五頁）。

――第四幕・第三場――城内の別の一室

国王［デンマーク］　ハムレット、……いそぎ旅の支度をしてくれ。船の用意もととのい、風も順風、供のものもおまえを待っている。イギリス行きの準備はすっかりできているぞ。……

ハムレット［現王の甥・先王の息子］　いいでしょう。……

国王［廷臣に向かって言う］　あとを追え、うまく誘ってすぐ船に乗せるのだ。……

いいか、イギリス王、わしの好意をいささかでも大切に思うなら――……すすんで恭順の意を表しているおまえのことだ――この厳命を粗略にはあつかえまい。委細は親書にしたためたとおり、そちらに着いたら即座にハムレットを殺すのだ。頼むぞ、イギリス王。……

――第五幕・第二場――城内の広間

……

ハムレット　おれの胸のなかにはいわば戦いがあった、そのため夜も眠れなかった。……そこでいたたまれずに思いきって……船室を飛び出し、……暗闇のなかを手探りで捜しまわったところ、目当ての包みを盗むことができた。それをもって、船室にもどり、……その親書の封を切ってみた。それが、ホレーシオ［ハムレットの友人］――国王のなんたる奸計だ！――そこにしたためてあるのは、デンマーク王、およびイギリス王の安泰のためとか、いろいろな理由を並べたてたあげく、……おれのような鬼畜生《おにちくしょう》を生かしておくのは危険だ、この書面一読次第、即座に……ハムレットの首をはねよ、という厳命なのだ。

ホレーシオ　信じられない話です。

ハムレット　これがその親書だ、あとでゆっくり読むがいい。で、そのあとおれがどうしたか、話して聞かせようか？

ホレーシオ　ぜひ。
ハムレット　……そこで腰をおろすと　親書の偽造にとりかかった、みごとな筆跡でな。
以前はおれも、この国の政治家たちと同様、きれいな字を書くことなど軽蔑し、習った書きかたも忘れようとつとめたものだが、今度ばかりはその芸が身を助けてくれた。教えようか、おれの書いた手紙の内容を？
ホレーシオ　ええ、どうか。
ハムレット　［デンマーク］国王からの丁重な依頼状をしたためたのだ、イギリス王が余の忠実な臣下であらばとか、両国間の友愛を松の緑のごとく栄えさせんとあらばとか、……そういったごたいそうな「あらば」を並べておいて、本文はこうだ、この書面一読次第、持参者［デンマーク王の廷臣］二名、懺悔のいとまも与えず、即座に死刑に処せられたし。
ホレーシオ　封印はどのように？
ハムレット　いや、これも天の助けというほかないが、おれは財布のなかに父上［デンマーク前王］の指環をもっていた、それにデンマークの国璽の写しが刻んであったのだ。手紙を前の親書と同じように折りたたみ、署名、捺印すると、無事、もとのところにおさめた……。

デンマーク王の親書を携えてイギリス王のところへ向かうハムレットだが、実際にその親書を持参する使者はデンマーク王の廷臣である。だからハムレットは、親書を見るためには、それを廷臣から盗みとらなくてはならなかった。

ところで、まえの①では、ペルシア王クセルクセースの手紙には、王の勅簡（親書）であることを明らかにするために玉璽（国璽）を押印してあったが、ハムレットの場合も同様で、だから、さいわいにもデンマーク国王の印章（それも、ペルシア王と同様の「印章指環」）を所持していたハムレットは、その親書を、開封するだけでなく、書き換えまでしたあとで、もとのところに戻すことができたのである。

4　使者に危険をもたらす手紙を他人が開封する

まえの話では、使者に危険をもたらす手紙を使者が持参し、その手紙を使者自身が開封してその内容を知り、難をのがれるというものであるが、つぎの話は、手紙を使者自身ではなくまったく別の他人が開封し、そのために使者が難をのがれることができた、というものである。（グリム兄弟「（第四八六話）ハインリヒ三世の伝説」『（グリム）ドイツ伝説集（下）』桜沢正勝・鍛治哲郎訳、人文書院、二〇〇五年）。

フランケン朝のコンラート帝（＝二世）［在位一〇二四年～一〇三九年］……が小屋の傍を過ぎようとすると中から陣痛に苦しむ女［レオポルトの妻］の叫び声が聞こえた……がこの時、帝の耳にどこからともなく一つの声が聞こえた。「今ここで生れる子は汝の娘の婿なるぞ。」帝は愕然とした。……自分の娘が農民の子と結婚するのをいかにすれば防げようか、帝はあれこれと考えたすえ二人の臣を小屋に入らせて生れたばかりの子を殺させることにした。……二人の臣下は帝の命は果さねばならぬと思うものの、神の怒りは恐ろしいし、さらに赤子が余にも可憐な男児であったのでとてもこれをあやめる気にはなれなかった。そこで二人は誰かが気づいてくれることを念じつつ子供を近くの木の股に置いた。……

ところがちょうどこの時近くの森で狩をしていたハインリヒ・フォン・シュヴァー

ベン公が木の上に捨てられている子供を見つけ……子宝に恵まれない奥方のところへこの子をこっそり持ち帰っ……た。……子供はやがて洗礼を受けハインリヒと命名された。……さて子供は大きくなるとコンラート帝の宮廷に送られたが、利発賢明で礼儀作法をわきまえた子であったので帝はどの若殿よりも頻繁にこの子を御前に召した。ところがある時この子はシュヴァーベン公の実の子ではなくて本当はどこから攫《さら》ってきた子であるとの良からぬ噂が帝の耳朶《じだ》に触れた。帝はハインリヒの齢を数えてみて、これは森の水車小屋で聞いた預言の声の言う子かも知れぬと思い……、……この子が娘の婿になるのを何とかして防ごうと思案をめぐらせた。帝は妃にあてて手紙をしたため、……この手紙の持参人を殺させよと書いた。念入りに封をした手紙を帝はハインリヒの手に託して、これを妃に届けてほしい、妃以外の者には決して渡さぬようにと念を押した。ハインリヒは何の疑いも抱かず、……心勇んで旅立った。さてその旅の途中に泊った宿の亭主は……ハインリヒから預った鞄を勝手に開け、中から手紙を取り出すと好奇心に駆られるまま封を切ってこれを読んでしまった。そればかりか、持参人を殺すべしの件《くだ》りを消して、持参人の若殿に娘を即刻添わすべしと書き変え、綺麗に封蠟を押し直したのである。さてこの若者が帝妃の御所に着いて手紙を手渡すと、これを読んだ妃はただちに娘をハインリヒに妻《めあわ》せた。……帝はシュヴァーベン公や他の殿原……に問い質《ただ》した結果、ハインリヒこそレオポルトの妻が水車小屋で生んだ子であり、預言の声が告げた子に他ならないことを悟った。「これでようく分った。神の定め給うたことを変えようとしても無駄であることが。」こう言って帝は娘の婿を玉座に就けた。これすなわちハインリヒ（三世）帝である。

史実として、ハインリヒはもちろんコンラート帝の実子である。

ところで、この話によると、コンラート帝が念入りに封をした手紙の「封」とは「封蠟」のことである。しかし、まえの「封蠟」の項で書いたようにも、ほんらい、「封蠟で閉じられた封筒や文書を開封すると、封蠟が損傷され、封筒や文書が開封されたことが分かってしまう」はずなのに、ここで宿の亭主は、いちど開封した手紙を、「綺麗に封蠟を押し直して」ハインリヒの鞄にもどしたことになっている。封蠟も、信書の秘密を守るには完全な方法ではなかったことになる。

第3章　運命を変える手紙

つぎは、信書の秘密が守られている（はずの）手紙が、前のような使者ではなく、差出人や受取人やその他の人の運命を変えた（かもしれない）場合についての話である。

1　手紙のすりかえ・書きかえ・捏造

（1）手紙をすりかえて、受取人の運命を変える

ここではまず、もとになる手紙があり、なんらかの方法で信書の秘密が守られていて、その手紙を書きかえることができないので、全面的に偽作してもとの手紙とすりかえ、受取人の運命を変える話である。（司馬遷『史記2（列伝篇）』〔世界文学大系五B〕小竹文夫・小竹武夫訳、筑摩書房、一九六二年、一五四～一五五・一五七頁、傍点引用者）。

始皇［始皇帝（在位前二四七年〜二一〇年）］には二十余人の子があった。長子の扶蘇《ふそ》は、しばしば主上［始皇］を直諫《ちょっかん》したため敬遠され、匈奴《きょうど》に備える上郡《じょうぐん》の派遣軍の監督にされた。派遣軍の将は蒙恬《もうてん》であった。末子の胡亥《こがい》は始皇の寵愛ふか……かった。この年［前二一〇年］の七月、始皇帝が［河北］沙丘《さきゅう》に行くと、重病にかかったので、［割符御璽を司る符璽令《ふじれい》］趙高《ちょうこう》に命じて公子の扶蘇に賜う書簡を作らせた。これには、「［長子扶蘇は］軍を蒙恬に任せ、［国都］咸陽《かんよう》でわが柩《ひつぎ》を迎えて葬れ」とあり、すでに封緘されたが、まだ使者の手に渡されぬうちに始皇は崩御した。書簡も御璽も趙高が持っていた。始皇の死を知っていたのは、［末子］胡亥と丞相李斯《りし》と趙高および気に入りの宦官《かんがん》五、六人で、他の群臣たちは誰も知らなかった。……

そこで三人［趙高・扶蘇・李斯］共謀のうえ、丞相［李斯］が始皇の詔を受けたといつわって［末子］胡亥を太子に立て、さらに長子扶蘇に賜う勅書を偽作した。その文は次のようであった。

「……扶蘇は将軍蒙恬と師数十万を率いて……十余年、……士卒の消耗多く、尺寸の功労もない。しかるに、かえってしばしば……朕のなすところを誹謗し、……人の子として……［親］不孝である。剣を賜うにより自決せよ。将軍蒙恬は……扶蘇を矯正できないばかりか、また当然に陰謀を知っていたはずである。人臣として不忠であるから死を賜い、兵を副将の王離に所属させよ。」

この書簡は皇帝の御璽を鈐《けん》［かぎ］して封じ、［末子］胡亥の客人が使者として捧持し、［戦地の］上郡にいる［長子］扶蘇に渡され……書簡を開くと、扶蘇は泣いて奥に入り……自殺した。蒙恬は自殺を肯《がえ》んじないので、使者は彼を……獄に繋ぎ、帰ってその旨を報告した。胡亥と斯・高の三人は大いに喜び、［国都］咸陽に帰って始皇の喪を発表した。太子胡亥は立って二世皇帝となり、趙高は郎中令に任ぜられ、……権力をふるった。

全面的に偽作された手紙は、皇帝の印章（御璽）が押され、厳重に封じられていたのである。

（2）手紙を書きかえて、差出人の運命を変える

つぎは、もとになる手紙があり、なんらかの方法で信書の秘密が守られていて、その手紙を全面的に書きかえることができないので、部分的に（あて先だけを）偽作して、書きか

え、差出人の運命を変える話である。（「曽我物語（巻二）」高木卓訳『義経記・曽我物語』〔古典日本文学全集一七〕筑摩書房、一九六一年、二四七〜二四八頁）。

それは、源頼朝が伊東祐親《いとうすけちか》の娘八重姫と通じたことから祐親に追われ、北条時政のもとに身をよせた時のことである。

伊東から北条へ逃れた源頼朝は、時政に娘が大ぜいあるときいて、……風のたよりに通わせようと思いたった。ひそかにしらべてみると、［時政の］いまの奥方所生［生んだ子］の二女三女は、ひじょうな不美人だが、先妻の長女は、ひじょうな美人であり、この二十歳の長女にならば文《ふみ》をとどけよう、という者もあった。しかし、伊東でわずらわしい思いをしたのも、娘の継母のためだったことをおもうと、いかに不美人でもやはり実母のある娘にかぎるように考えられて、頼朝は、十九歳の娘に文をつかわした。すると、文の使いの者が、評判の不美人へ文をとどけても、ご主人の物おもいはみたされまい、そのため北条氏とも疎遠になっては、こんどこそ、どこへのがれるところがあろう。と、そう思って、宛名を二十一歳の姉、朝日御前［政子］あてに書きなおして届けた。……

その後は、文の数もかさなり、忍びあいをつづけるうちに、浅からぬ思いを、たがいにもつようになった。

（3）手紙を捏造《ねつぞう》し、他人の運命を変える①

まえに述べたような（1）手紙のすりかえや（2）書きかえは、もとになる手紙があり、なんらかの方法で信書の秘密が守られていているので、その手紙を全面的に別の手紙とすりかえたり、部分的に書きかえたりすることによって、手紙の差出人や受取人の運命を変える話だった。

しかし、つぎに述べる手紙の偽作は、もとになる手紙はなく、まったくあらたな手紙を全面的に捏造して、別の他人の運命を変える話である。（『ギリシア神話』摘要Ⅲ六〜八）。

メネラーオスは……［ミュケナーイ人の将］アガメムノーンの所に来り、トロイアーへの軍を集め、ギリシアを招集することを求めた。多くの者が出征に熱心であった。……しかし、彼［オデュセウス］は出征を欲せず、狂気を装った。しかし……パラメーデースはその狂気が偽りのものであることを証した。……

オデュセウスは一人のプリュギアー人を捕虜とし、［プリュギアー人の妻をもつ敵方トロイアー王］プリアモスより［オデュセウスの偽りの狂気を見抜いた］パラメーデースに送られたかのごとくに［その捕虜に］裏切りの手紙を書かしめた。そしてパラメーデースのテントの内に金を埋め、この手紙を陣営の中に落とした。アガメムノーンがこれを読んで、かの金を発見し、パラメーデースを裏切者として味方の者に石で打ち殺すように［彼を］渡した。

（4）手紙を捏造し、他人の運命を変える②

つぎに述べる密告の手紙は、まえの（3）とおなじように、手紙を捏造して、別の他人の運命を変える（変えようとする）話である。しかしこの話では、結果的に、その手紙（密書）は虚偽であることが分かり、その別の他人の運命を変えることができなかった。（潮出版社版『プルターク英雄伝』二一二～二一三頁）。

アカーネニア生まれのフィリップという医師が、アレキサンダーの症状が危機一髪にあることを見て、……アレキサンダーほどの者をしてみすみす医療をも受けず命を堕《お》とさしむるよりは、むしろ彼自身の信用と生命とを賭するにしくはないと覚悟し、……激励して大胆にもその調《ととの》えた薬を勧めた。そのせつなに陣営にあったパーミーニオからアレキサンダーにあてて、［医師］フィリップは、ダライアス王より莫大な金とその王女との婚約とに買収せられて彼を弑《しい》せんとする者であるからくれぐれも彼を警戒せよという密書が届いた。これをていねいに読みおわるとアレキサンダーは……そのまま枕の下に隠した。そうしてフィリップが薬を捧げてはいってくると、彼はこのうえもなく快活にこのうえもなく落着きはらってこれを服用しながら、件《くだん》の手紙をフィリップに渡して一読を促した。この光景こそ古今の観物《みもの》であった。アレキサンダーは薬を飲んでいる、フィリップは手紙を読んでいる。やがて頭《こうべ》を回《めぐ》らして互いに顔を見合わせる。しかし二人の情調にいたっては天地の差であった。というのは、アレキサンダーの面持ちは、医師にたいする友愛と信頼とを示すように快活に晴れ晴れしかったが、これとうって代わってフィリップはこの呪詛《じゅそ》を見て驚きと恐れとに満たされ、その無辜《むこ》を証さんことを諸神に哀訴し、ときには双手《もろて》を天に挙げながら、身を床辺《とこべ》に投げかけ、そうしてアレキサンダーに向かっていっさいの危惧を捨て、懸念なく彼の処方に従わんことを嘆願した。……しかしまもなくフィリップの介抱によって彼は健康と気力とを回復した。

2　手紙の廃棄

（1）読まれない手紙①

つぎに見る手紙は、もとになる手紙が、その手紙の差出人でも受取人でもない他人の手にわたり、その内容が、その他人の運命を変える（変えた）かもしれないものであるにもかかわらず、手紙を入手したその人が、それを読まずに廃棄させる話である。

それは、後漢末期の曹操《そうそう》（三国時代の魏の始祖）と袁紹《えんしょう》との「官渡《かんと》の戦い」（後二〇〇年）の時のことである。（『三国志演義（上）』〔中国古典文学全集第八巻〕平凡社、一九五八年、二一七頁）。

曹操は大勝を収め、……このとき分捕った文書類の中から一束の書面が出て来たが、みな許都および曹操の軍中の人々が袁紹に内通した書面であったので、左右の者が、「いちいち姓名を調べ上げて、死罪にいたされるが宜しいと存じます」

というと、曹操は、
「袁紹が盛んな時には、わしですら信念がゆらいだことがある。他の者がそう思うも無理はない」
と言って、ことごとく焼き棄てさせ、二度と口にしなかった。

（2）読まれない手紙②

つぎに見る手紙も、まえの（1）とおなじように、もとになる手紙が、その手紙の差出人でも受取人でもない他人の手にわたるが、その内容が、（1）とはことなり、その他人の関係者の運命を変える（変えた）かもしれないものであるにもかかわらず、手紙を入手したその人が、それを読まずに廃棄させる話である。

それは、一一八五年の壇ノ浦の戦いで平家滅亡後、捕虜となった平時忠が、義経の庇護をもとめようと画策した時のことである。（『平家物語②』〈新編日本古典文学全集四六〉市古貞次＝訳注、小学館、一九九四年「巻第十一 文之沙汰」四〇六～四〇八頁。）

平大納言時忠卿……は……子息の讃岐中将時実《ときざね》を呼んで、「よそに散らしてはならぬ手紙などを一箱、判官［義経］に取られているとのことだ。これを鎌倉の源二位頼朝に見られたなら、人も多く死に、自分の身も助かるまい。どうしたらよかろう」と言われると、中将が申されるには、「判官は……情けのある者だそうですし、そのうえ女房などがひたすら嘆願することを、どんな大変なことでも聞き捨てにしないと承っています。……姫君たち……の一人を義経の妻になさって、親しくなられた後、手紙のことなどをおっしゃったらよろしいでしょう」。……大納言は……先妻の腹から生れた姫君で二十三になられる方［＝蕨姫《わらびひめ》］を判官にはお見せになった。……判官はたいそういとしくお思い申して……寵愛した。それで女房［蕨姫］が例の手紙のことを言い出されたところ、おまけに手紙を入れた入れ物の封もとかず、さっそく時忠卿の所へ送られた。大納言はたいそう喜んで、すぐに焼き捨てられた。どんな手紙類だったのだろうか、中身が気になると世間では噂した。

引用文献

＊配列は〈総論〉・〈聖書・聖典〉・〈国・地域別〉・〈その他〉の順とした。
＊各項目の配列は、その文献の取りあつかった時代の古い順、同一全集では巻号の古い順としたが、かならずしもその通りでない場合もある。

【総論】
ウンベルト・エーコ『完全言語の探求』上村忠男・廣石正和訳、平凡社ライブラリー、二〇一一年
八川敏昭「精神的交通論序説」慶應義塾大学法学部編刊『慶応義塾創立一五〇年記念法学部論文集・慶應の政治学［政治・社会］』二〇〇八年

【聖書・聖典】
『旧約聖書』一九五五年改訳、日本聖書協会
『新約聖書』一九五四年改訳、日本聖書協会
アンドレ・パロ『聖書の考古学』波木居斉二・矢島文夫訳、みすず書房、一九六〇年
『コーラン』〔世界の名著一五〕藤本勝次編、中央公論社、一九七〇年

【シュメル】

Kramer, S.N."Sumerian Mythology : A Study of Spiritual and Literary Achievement in the Third Millennium B.C."（The American Philosophical Society）1944.

小林登志子『シュメル—人類最古の文明』中公新書、二〇〇五年

岡田明子・小林登志子『シュメル神話の世界』中公新書、二〇〇八年

前田徹「シュメール人の思考の一断面」『早稲田大学文学研究科紀要』四六巻四号（二〇〇一年二月）

『ギルガメシュ叙事詩』矢島文夫訳、ちくま学芸文庫、一九九八年

【エジプト】

矢島文夫編『古代エジプトの物語』現代教養文庫（社会思想社）一九七四年

矢島文夫『エジプトの神話』ちくま文庫、一九九七年

ステファヌ・ロッシーニ／リュト・シュマン＝アンテルム『（図説）エジプトの神々の事典』矢島文夫・吉田春美訳、河出書房新社、一九九七年

加藤一朗「ナイルと太陽の国」『世界の歴史（1）』中公文庫、一九七四年

【ギリシア】

ホメーロス「イーリアス」呉茂一訳『ホメーロス』（世界文学大系一）筑摩書房、一九六一年

アポロドーロス『ギリシア神話』高津春繁訳、岩波文庫、一九七八年
アイスキュロス『縛られたプロメーテウス』呉茂一訳、岩波文庫、一九七四年
ヘロドトス『歴史（上）』松平千秋訳、岩波文庫、一九七一年
『歴史（中）』松平千秋訳、岩波文庫、一九七二年
トゥーキュディデース『戦史（上）』久保正彰訳、岩波文庫、一九六六年
『戦史（中）』久保正彰訳、岩波文庫、一九六六年
『戦史（下）』久保正彰訳、岩波文庫、一九六七年
クセノポン『キュロスの教育』〈西洋古典叢書〉松本仁助訳、京都大学学術出版会、二〇〇四年
岡田泰介『東地中海世界のなかの古代ギリシア』〈世界史リブレット九四〉山川出版社、二〇〇〇年

【ローマ】

『プルターク英雄伝』鶴見祐輔訳、改造社、一九三四年
『プルターク英雄伝（六）』河野與一訳、岩波文庫、一九五四年
『プルターク英雄伝』鶴見祐輔訳、潮出版社、二〇〇〇年
「キケローの書簡」泉井久之助訳『ローマ文学集』〈世界文学大系六七〉筑摩書房、一九六六年
「キケロー＝ブルートゥス往復書簡（第四書簡）」高田邦彦訳『ローマ文学集』

【インド】
上村勝彦『インド神話』ちくま学芸文庫、二〇〇三年

【中国】
『荀子（下）』〔新釈漢文大系第六巻〕藤井専英＝訳注、一九六九年
『十八史略（下）』〔新釈漢文大系第二一巻〕林秀一＝訳注、明治書院、一九六九年
『淮南子（上）』〔新釈漢文大系第五四巻〕楠山春樹＝訳注、明治書院、一九七九年
『易経（下）』〔新釈漢文大系第六三巻〕今井宇三郎ほか＝訳注、明治書院、二〇〇八年
『呂氏春秋（中）』〔新編漢文選2〕楠南春樹＝訳注、明治書院、一九九七年
『三国志演義（上）』〔中国古典文学全集第八巻〕立間祥介＝訳注、平凡社、一九五八年
司馬遷『史記2（列伝篇）』〔世界文学大系五Ｂ〕小竹文夫・小竹武夫訳、筑摩書房、一九六二年
白居易「元微之におくる手紙」内田道夫訳『中国散文選』〔世界文学大系七二〕筑摩書房、一九六五年
松村一徳「中国新出土秦封泥の検証」『書学書道史研究』第八号
『書道辞典（増補版）』二玄社、二〇一〇年

【日本】
鳥越憲三郎『中国正史 倭人・倭国伝全釈』中央公論社、二〇〇四年

稲岡耕二「声と文字序説」『声と文字』塙書房、一九九九年
『古事記』中村啓信＝訳注、角川ソフィア文庫、二〇〇九年
『日本書紀①』〔新編日本古典文学全集二〕小島憲之ほか＝訳注、小学館、一九九四年
『日本書紀②』〔新編日本古典文学全集三〕小島憲之ほか＝訳注、小学館、一九九六年
『日本書紀③』〔新編日本古典文学全集四〕小島憲之ほか＝訳注、小学館、一九九八年
『平家物語①』〔新編日本古典文学全集四五〕市古貞次＝訳注、小学館、一九九四年
『平家物語②』〔新編日本古典文学全集四六〕市古貞次＝訳注、小学館、一九九四年
『太平記①』〔新編日本古典文学全集五四〕長谷川端＝訳注、小学館、一九九四年
『古今著聞集』〔日本古典文学大系八四〕永積安明・島田勇雄＝訳注、岩波書店、一九六六年
「曽我物語」高木卓訳『義経記・曽我物語』〔古典日本文学全集一七〕筑摩書房、一九六一年
井原西鶴『武道伝来記』〔現代語訳・西鶴全集 第五巻〕暉峻康隆＝訳注、小学館、一九七六年
石井寛治『情報・通信の社会史』有斐閣、一九九四年
鹿島萬兵衛『江戸の夕栄』紅葉書房、一九二二年（中公文庫版、一九七七年）
藪内吉彦『日本郵便創業史』雄山閣出版、一九七五年
夢野久作「瓶詰の地獄」『現代推理小説大系2』講談社、一九七三年

【欧米（近代）】
シェイクスピア『ハムレット』〔シェイクスピア全集二三〕小田島雄志訳、白水社、一九八三年

グリム兄弟「ハインリヒ三世の伝説」『ドイツ伝説集（下）』桜沢正勝・鍛治哲郎訳、人文書院、一九九〇年
ドストエフスキー「カラマーゾフ兄弟（第九篇）」小沼文彦訳『ドストエフスキー3』（世界文学大系三六Ｂ）筑摩書房、一九六〇年
チェーホフ「桜の園」神西清訳『チェーホフ』（世界文学大系四六）筑摩書房、一九五八年
Ｈ・Ｏ・ヤードレイ『ブラック・チェンバー』平塚柾緒訳、高地出版社、一九九九年

【その他】

山本與吉・井手貢夫『世界通信発達史概観（上巻）』逓信省逓信博物館、一九三八年
井口大介『コミュニケーション発達史研究』慶應通信、一九六八年
スティーヴン・ロジャー・フィッシャー『文字の歴史』鈴木晶訳、研究社、二〇〇五年
カール・マルクス『資本論（第二巻第二分冊）』資本論翻訳委員会訳、新日本出版社、一九八四年
マックス・ヴェーバー『宗教社会学論選』大塚久雄・生松敬三訳、みすず書房、一九七二年
マックス・ウェーバー『都市の類型学』世良晃志郎訳、創文社、一九六四年
大塚久雄「共同体解体の基礎的諸条件」『大塚久雄著作集』第七巻、岩波書店、一九六九年
大塚久雄「共同体内分業の存在形態とその展開の諸様相」『大塚久雄著作集』第七巻

あとがき

この本では、神話や聖書（宗教）の話のなかのコミュニケーションにかかわる話を主題とし、さらに、神話や聖書（宗教）のそのモチーフが引きつがれ、展開されている物語や史書にも言及した。

ところで、本書Ⅰの第2章のなかの「バベルの塔」の話のところで、「言語の発展が、単純な共同労働から複雑な社会的分業へと発展する『協働様式』の変化に対応している」と書いたが、このことをもう少し単純化し、敷衍《ふえん》していうと、「コミュニケーションの発展は社会的分業の発展に対応している」と言うことができる。

そして、物語や史書はもちろん、一見このことと無関係であるかのように見える、神話や聖書（聖典）のなかのコミュニケーションの話にも、こうしたことを考えさせる箇所があり、この点が、この本の通奏低音にもなっている、ということを言い添えておこう。

なお、神話や聖書や中国の古典文献などには、烽火（のろし）の話などが多くでてくる。そこで、この本の最後にⅣとして、烽火や伝書鳩などの「テレコミュニケーション」の話を書く予定にしていたが、この本はここまででも一応のまとまりをもっていると思われるので、その話については、またべつの機会にゆずることにした。

二〇一五年三月

八川敏昭

八川敏昭（やがわ・としあき）
1943年　東京生まれ
1966年　慶應義塾大学法学部政治学科卒業
2003年　国立国会図書館調査立法考査局退職
現　在　情報メディア研究所代表
　　　　東京富士大学非常勤講師

信書の秘密
——神話と聖書とコミュニケーション

2015 年 6 月 20 日　初版第 1 刷印刷
2015 年 6 月 30 日　初版第 1 刷発行

著　者　八川敏昭
発行者　森下紀夫
発行所　論 創 社
東京都千代田区神田神保町 2-23　北井ビル（〒101-0051）
tel. 03（3264）5254　fax. 03（3264）5232　web. http://www.ronso.co.jp/
振替口座　00160-1-155266
装幀／宗利淳一
印刷・製本／中央精版印刷　組版／フレックスアート
ISBN978-4-8460-1433-9